LE MYSTÈRE
DE
ROBERT LE DIABLE

MIS EN DEUX PARTIES

AVEC TRANSCRIPTION EN VERS MODERNES, EN REGARD DU TEXTE DU XIVe SIÈCLE

ET PRÉCÉDÉ

D'UNE INTRODUCTION

PAR

ÉDOUARD FOURNIER

PARIS
E. DENTU, ÉD
LIBRAIRE DE LA SOCIÉTÉ DES
PALAIS-ROYAL, 15-17-19, GA

LE MYSTÈRE

DE

ROBERT LE DIABLE

LIBRAIRIE DE E. DENTU, ÉDITEUR

DU MÊME AUTEUR :

Le Vieux-Neuf, histoire ancienne des Découvertes modernes, 2e édition, 3 volumes grand in-18 jésus	15 »
L'Esprit des Autres, 5e édition, 1 volume in-18	3 50
L'Esprit dans l'Histoire, 3e édition, 1 volume in-18	3 50
La Comédie de Jean de La Bruyère, 2e édition, 2 volumes in-18	6 »
Histoire du Pont-Neuf, 2 volumes in-18	6 »
Énigmes des Rues de Paris, 1 volume in-18	3 »
Chroniques et Légendes des Rues de Paris, 1 volume in-18	3 »

IMPRIMERIE D. BARDIN, A SAINT-GERMAIN

LE MYSTÈRE
DE
ROBERT LE DIABLE

MIS EN DEUX PARTIES

AVEC TRANSCRIPTION EN VERS MODERNES, EN REGARD DU TEXTE DU XIVe SIÈCLE

ET PRÉCÉDÉ

D'UNE INTRODUCTION

PAR

ÉDOUARD FOURNIER

PARIS
E. DENTU, ÉDITEUR
LIBRAIRE DE LA SOCIÉTÉ DES GENS DE LETTRES
PALAIS-ROYAL, 15-17-19, GALERIE D'ORLÉANS

INTRODUCTION

I

Ceci ne sera, avec développements et notes, que la reproduction de la conférence dont nous fîmes précéder, le 2 mars dernier, sur le théâtre de la Gaîté, la représentation du drame :

Miracle de Nostre Dame de Robert le Dyable, filz du duc de Normendie, a qui il fu enjoint pour ses meffaiz qu'il feist le fol sans parler et depuis ot Nostre Seignor mercy de li, et espousa la fille de l'Empereur ;

Titre que nous avions cru devoir simplifier sous cette forme : *Mystère de Robert le Diable,* de même nous avions dû rendre le texte du XIVe siècle plus accessible par une transcription en vers plus modernes, qui suivra parallèlement ici celle de ce texte primitif.

Nous laisserons au lecteur à juger si notre transcription est fidèle.

Nous y avons mis tout notre soin, tout notre effort, après avoir revu, sur le manuscrit, le texte donné en 1836 par Frère et Le Roux de Lincy et l'avoir redressé en plusieurs endroits.

La seule liberté que nous avons prise a été de partager la

pièce en deux parties, que nous avons l'une et l'autre divisées par scènes.

Notre conférence ou causerie, dont on voudra bien excuser par endroits le ton familier, avait commencé par quelques mots sur la farce de la *Cornette*, appropriée aussi en langage moderne par M. Jacques Normand, et dont la représentation avait précédé celle du *Mystère*.

Nous ne conserverons pas ici tout ce que nous disions de cette jolie farce et de son auteur Jehan d'Abundance.

Nous nous en tiendrons à ce que dans cette courte notice sur un homme, qui, comme Gringore, et plusieurs autres de son temps, semble avoir touché avec succès à tous les genres alors en faveur au théâtre, se rapporte plus directement à l'histoire de notre littérature dramatique.

II

En ce temps-là — la fin du XVe et la première moitié du XVIe siècle — il fallait, pour être un auteur complet, pouvoir manier le triple genre du *Mystère*, de la *Moralité* et de la *Farce*, en substituant seulement quelquefois à la moralité trop sérieuse la *Sottie*, qui était une moralité à personnalités plus comiques, où se firent tour à tour une renommée populaire : le type de « Mère sotte, » dont Gringore ou Gringoire porta le mieux le béguin aux longues oreilles, et le type plus longtemps célèbre du « Prince des sots. »

Ces trois genres *Mystère*, *Moralité*, *Farce* formaient, comme nous dirions aujourd'hui une « trilogie. » On commençait par le pieux Mystère, la grave Moralité suivait, et pour ne pas finir sans gaieté, on concluait par la Farce, qui n'avait, il s'en faut, rien de leur édifiante allure.

Les spectacles étaient ainsi un mélange, un salmigondis, bref une « purée » disons le mot, qui est le vrai, car dans le peuple on les appelait « les pois pilés ; » or, qu'est-ce que des pois pilés ? de la purée[1].

On s'est longtemps demandé d'où venait ce nom de « pois pilés » donné aux réprésentations de ces pièces de trois espèces si différentes. On en chercha partout l'origine, excepté à la cuisine : c'est là cependant, selon nous, qu'il était possible de la trouver.

III

Il s'en faut de beaucoup que dans les premier temps du moyen âge, le théâtre eût cette diversité, cette multiplicité des genres. Il était alors tout à la piété. L'Église s'en était emparé, et le gardait.

L'effroyable licence des théâtre antiques[2], au moment d'une décadence que ces désordres orduriers avait hâtée, lui avait été un prétexte pour le saisir et le retenir. D'abord, pour que la

1. La preuve de cette synonymie se trouve dans cette lettre de Malherbe à Peiresc, du 21 mars 1607 (édit. Blaise, p. 24) : « C'est assez, monsieur, il faut finir mes fâcheux discours qui sont plutôt *pois pilés,* c'est-à-dire une purée, un salmigondis qu'une lettre. »

2. Édit. Duméril, *Origines latines du théâtre moderne,* gr. in-8°, p. 5, note.

transition ne fut pas trop brusque, on s'était contenté de substituer, en des drames de la même forme, des sujets tirés de la Bible aux sujets tirés de la fable et des temps héroïques de l'antiquité. On fit même en cela de véritables tours de force. Il y eut entre autres un arrangeur, qui, pour tout concilier, et donner à la fois un texte païen et un sujet chrétien, composa avec des vers d'Euripide..... un drame de la Passion.

Ce n'était qu'un expédient de prestidigitateur lettré. L'Église, après de nouveaux désastres pour l'Empire, et l'invasion définitivement irrésistible des Barbares, auxquels vainement il résistait, et que, plus habile, elle convertissait, l'Église, disons-nous, procéda plus franchement qu'elle ne l'avait encore fait.

S'appuyant sur l'autorité de ces rois Goths, Francs ou Burgundes, qu'elle seule avait presque domptés, et dont elle guidait l'ignorance, elle mit la main, pour le transformer, sur tout ce qui de plus ou moins près tenait aux choses du théâtre.

Il n'exista plus, elle le remplaça. Les cathédrales, avec ce qu'elles avaient de splendeurs, furent les nouvelles enceintes ouvertes à ces jeux, à ces représentations dignes au reste d'y figurer, car on n'y trouvait rien que d'édifiant et de sacré. C'était *l'Ancien* ou *le Nouveau Testament* mis en action dans le langage consacré, celui de la liturgie latine, sous l'immense voix de l'orgue, avec le chant des clercs et des prêtres.

Malgré ces prestiges, il y avait là beaucoup moins de grandeur imposante que de bizarrerie, en quelques détails surtout. Ainsi, savez-vous comment en Allemagne — car pour tous les pays de l'Europe les spectacles étaient alors à peu près les mêmes — on avait trouvé moyen de résoudre le problème de la Trinité? On en avait fait un trio chanté : Dieu le père faisait la basse, le Christ était un ténor, et la voix suraiguë d'une haute-contre chantait pour le Saint-Esprit [1].

Comme les offices s'appelaient alors *Mystères* [2], les pièces qu'on y jouait et qu'on y chantait, en prirent le nom, et le gardèrent, même lorsqu'ils furent chantés et joués autre part que dans les églises, ce qui ne tarda guère.

Les proscriptions dont les comédiens avaient été frappés par le clergé qui substituait, comme nous venons de le voir, ses offices dramatisés à leurs tragédies et à leurs farces, ne les avaient pas tous fait disparaître [3].

Il en restait de nomades qui couraient le pays par bandes, et qui, profitant de ce que les foires laissaient liberté plénière à quiconque voulait y étaler son commerce et y vivre de son métier, n'en manquaient jamais une seule pour y dresser leurs tréteaux, et de là narguer l'Église à l'ombre même de ses parvis.

Chez eux, dans ces théâtres en plein vent, qui ne faisaient que camper et passer, la farce et la chanson prenaient leur revanche, à la grande joie du populaire, qui, au lieu de l'éternel latin qu'il ne comprenait pas, retrouvait là le gai langage qu'il parlait lui-même, et, au lieu des psalmodies des chantres, les refrains sur lesquels il buvait et dansait.

1. Hase, *Das geitliche Schauspiele*, p. 24.

2. Un synode tenu à Worms en 1316 emploie le mot *mysterium* avec la signification d'office divin.

3. « Les canons des Conciles, dit M. le baron James de Rothschild dans sa remarquable Introduction au *Mystère du Vieil Testament*, démontrent jusqu'à l'évidence qu'il y a eu dans tous les temps des histrions, des chanteurs, des acrobates, c'est-à-dire un théâtre profane. »

Ce n'est pas tout, quand ces farceurs errants avaient disparu d'un canton pour passer dans un autre, on y voyait accourir les jongleurs qui vous récitaient en monologues sur les places, les *Chansons de gestes* et les *Dits*, que les trouvères et ménestrels, qui étaient d'un ordre de diseurs ou récitateurs plus relevé, allaient, eux, débiter dans les châteaux.

Voilà pour les campagnes, les castels et les villages.

Dans les villes, le théâtre avait peu à peu échappé aux églises par une autre tangente.

Il s'y était formé des corporations de métiers, dont chacune avait son patron, et qui toutes à la fête de ce patron donnaient un « Jeu » ou « Mystère » en son honneur, c'est-à-dire où l'on mettait en action sa vie et ses miracles.

Avec le temps, les corporations ne s'en tinrent pas là. Plusieurs se réunirent pour en constituer une plus considérable, qui, reprenant avec plus d'étendue, et en langage vulgaire, ce que le clergé avait joué en latin dans les cathédrales [1], se mit à représenter des mystères, tels que celui de *la Passion*, et bien d'autres d'un plus grand développement.

Toutes les histoires du *Vieux Testament*, par exemple, et toutes celles du *Nouveau*, furent ainsi mises en drames; et, à

1. Tous les mystères joués dans les Églises sont en latin. Ch. Magnin n'en a pas pu trouver un seul qui fût en langue vulgaire (*Journ. des Savants*, 1846, p. 451). C'est sous cette dernière forme qu'ils échappèrent, mais pour ne pas aller loin. Ils furent joués surtout dans les parvis, dans les cimetières. En Italie, la langue vulgaire mit plus de temps que chez nous encore à s'introduire dans les jeux de théâtre. On ne l'y croyait pas propre. On recourait plutôt à la pantomime, même pour les mystères. Un personnage parlait pour exprimer le jeu, les autres faisaient les gestes. (Signorelli, *Vincende della cultura nelle due Sicilie*, etc., 1785, in-8°, t. III.)

la suite, pour compléter cet ensemble des saintes Écritures dramatisées, on eut aussi le *Triomphant mystère des actes des Apôtres*, le seul peut-être dont on connaisse bien les auteurs. Ce sont deux frères, Arnould et Simon Gréban. Ils l'écrivirent vers 1450.

IV

Vous comprendrez aisément qu'il fallait, non pas une seule corporation de métier, mais plusieurs réunies pour jouer ces mystères, quand vous saurez ce qu'on y exigeait d'acteurs parlants ou muets. Rien que pour une seule partie, la dernière, du *Mystère du Nouveau Testament*, joué à Lille en 1484, et, dix ans plus tard, à Malines, on avait dû enrôler trois cent douze personnes, deux cents qui ne faisaient que figurer, et cent douze qui parlaient. Or, quelques-unes parlaient beaucoup. Il n'y avait pas, dans cette seule partie, moins de 30,000 vers. Le Christ n'y paraissait pas, puisque cette partie était le drame de sa *Vengeance et de la destruction de Jérusalem*. S'il y eût paru, le nombre des vers eût encore certainement augmenté. Dans le *Mystère de la Passion*, l'acteur qui le représentait en avait à réciter plus de 3,400.

Il arriva que tout ce que les métiers pouvaient fournir d'acteurs ne suffisait pas. Que faisait-on alors ? On recourait au recrutement. Il y avait pour distribuer les rôles enrôlement forcé. C'était du drame obligatoire, mais non laïque, les grandes pièces religieuses étant les seules qui exigeaient ce déploiement de personnel ou plutôt de multitude. L'autorité se chargeait elle-même des engagements. Ils étaient faits bon gré mal gré par le Prévôt au nom du Roi. Nous en avons la preuve par un document très curieux et très sérieux, quoique en vers, et dont voici le titre :

« Le cry et proclamation publique pour jouer le *Mystère des actes des Apôtres* en la ville de Paris, faict le jeudi seizième de décembre mil cinq cent quarante par le commandement du Roy notre sire François Ier de ce nom, et monsieur le Prévost de Paris affin de venir prendre les rooles pour jouer le dict mystère. »

C'est celui des frères Gréban, dont nous parlions tout à l'heure. Il était un des plus considérables, du moins par le nombre de ses acteurs, soit muets soit « entreparleurs, » comme on disait. Quatre cent quatre-vingt-dix y suffisaient à peine. Nous ne connaissons qu'un mystère en langue tchèque, celui de *Saül*, joué à Prague en 1571, qui en exigea davantage. Il y fallait 600 personnes, 100 qui parlaient, 500 qui ne disaient rien, mais qui agissaient : Ils étaient là, dit une note manuscrite de l'un de ces mystères, « pour faire les armées et peuple des villes. »

Malgré cet immense personnel, les *mystères* étaient des drames nomades, qu'un « maître et entrepreneur » — ce sont les titres qu'il prenait — faisait jouer tantôt là, tantôt ici, bien sûr qu'avec l'aide du Prévôt, il trouverait toujours, partout où il dresserait ses échafauds, le monde qu'il lui faudrait pour la représentation.

Le point principal pour lui était d'être détenteur de la pièce.

De quelle façon l'obtenait-il de l'auteur? Comme une marchandise, par une acquisition argent comptant. Il en devenait toutefois bien moins le propriétaire que l'usufruitier. Si l'auteur, en effet, la pièce une fois jouée, trouvait un autre entrepreneur qui lui en offrait une somme plus forte, il pouvait la reprendre au premier, mais à condition de le désintéresser, en lui restituant ce qu'il avait reçu de lui. Ce qui formait la plus-value et rendait la seconde somme supérieure à la première était son gain nouveau. Cette façon de régler les droits d'auteur était un souvenir, un reste des théâtres antiques. On voit par un passage du prologue de l'*Hécyre* ou la *Belle-Mère,* comédie de Térence, qu'il en était à peu près ainsi à Rome[1].

V

Les auteurs n'avaient pas toujours affaire aux « entrepreneurs » de Jeux. Ils avaient à traiter souvent avec les municipalités même, qui, lorsqu'en certaines circonstances il leur semblait à propos d'amuser le populaire, déléguaient un de leurs échevins pour s'entendre sur le *mystère* à jouer et sur le prix à payer. Généralement, un à-compte était donné après remise du manuscrit, qui était déposé dans un coffre bien

1. V. dans un article de M. Paulin Paris (*Journ. de l'Instruct. publique,* 13 juin 1855, p. 429), une quittance du 31 déc. 1452, prouvant par l'exemple de Simon et Ernoul Grebain (Greban) que les auteurs dramatiques avaient le droit de vendre leur manuscrit autant de fois qu'on voulait les leur acheter. L'acquéreur retenait seulement sur le prix l'argent qu'il avait payé pour une vente antérieure.

clos, à la maison même de l'échevinage, jusqu'à ce que les répétitions pussent commencer. Alors seulement ce qui restait à payer était payé à l'auteur.

On a su tous ces détails par un compte des échevins d'Abbeville, qui avaient, comme première avance, donné dix écus d'or pour le manuscrit des « Jeux de la Passion[1]. »

Par cette intervention du pouvoir municipal dans ces représentations, on peut juger de leur importance. Elles étaient, dans une ville, l'événement de plusieurs semaines, disons mieux, de plusieurs mois, en y comprenant ce qu'il fallait de temps pour apprendre les rôles, dresser les acteurs et faire manœuvrer à souhait les masses, les multitudes de la figuration. Savez-vous ce qu'à Bourges, en 1536, dura la représentation du *Mystère des Apôtres?* Quarante jours[2].

Quand la pièce, moins longue, n'en demandait pas autant, ces jours se suivaient. « Le meneur du Jeu » pouvait dire, comme dans le *Mystère de l'Incarnation :*

> « Ci finons (finissons) pour cette journée,
> Demain sera a fin menée
> La matière parfaitement;

ou bien encore, comme dans le *Mystère de la Résurrection*, par Jehan Michel :

> Ceux qui de Jésus vouldront voir
> Jouer le ressuscitement
> Reviennent icy promptement
> Demain le matin. Car, pour l'heure,
> Plus ne ferons cy de demeure.

1. Edélest. Duméril, *Histoire de la Comédie ancienne*, t. III, p. 349, note.
2. V. sur Jehan Chaponneau, qui en fut le metteur en scène, l'excellente *Notice* de M. Émile Picot, 1879, in-12 de 21 p.

Mais quand le *mystère* devait, comme nous venons de le voir à Bourges, durer près de six semaines, on espaçait les jours du spectacle. On ne le donnait que le dimanche ou au moment des petites fêtes, qui étaient, il est vrai, très nombreuses à cette époque.

Pour que l'entrepreneur fut sûr que, malgré ces interruptions, le public lui resterait fidèle, il faisait prendre des abonnements d'avance. Des loges étaient disposées tout exprès. On s'y abonnait pour toute la durée d'un *mystère*, de même qu'à l'Opéra, l'on s'abonne à l'année. Pour les petites places, le Maître du Jeu donnait, comme appât, la diminution du prix, après les premières journées.

A Romans, par exemple, dans le Dauphiné, il y eut, en 1509, une représentation du *Mystère des trois Doms*[1]. L'entrepreneur fit quatre-vingt-six loges[2], à louer moyennant trois florins pour tout le temps que durerait la pièce, depuis la première scène jusqu'à la dernière. Il mit les autres places à un sol pour les deux premières journées, et à deux liards pour la troisième et les suivantes. Bien petite somme, qui ne semble rien aujourd'hui, mais qui alors était quelque chose.

Les représentations se donnaient le plus souvent en plein air, mais quand il y avait, comme à Bourges, à Poitiers, à Arles, quelques ruines d'amphithéâtre romain, c'est là qu'on s'instal-

1. V. sur ce *Mystère*, un curieux article de *l'Esprit des Journaux*, décembre 1787, p. 231.

2. « En face des Establis (échafauds) élevés pour le Jeu étaient dressés des gradins ou plus ordinairement des galeries et des *loges* pour recevoir les spectateurs. L'ensemble de ces constructions temporaires et en partie découvertes, surtout dans les premiers temps, s'appelait *le parc*. » Ch. Magnin, *Journal des Savants*, 1847, p. 50.

lait. On jouait ainsi la *Passion du Christ* et les *Miracles* des saints sur le théâtre même où l'on s'était, aux époques païennes, amusé des incestes de Jupiter et de la corruption des Dieux[1].

Ces théâtres en plein vent avaient pour leurs Jeux un terrible obstacle, le mauvais temps. Se mettait-il de la fête, il y avait des entr'actes forcés de toute une semaine. A Seurre, en Bourgogne, lorsqu'on y donna le *Mystère de saint Martin*, avec la *moralité* et la *farce* qui devaient le suivre, la pluie arriva la première.

Les acteurs, déjà tout habillés, durent plier bagage. Le lendemain, afin de conjurer de nouvelles averses, ils se rendirent tous à l'église, et une messe fut dite pour que la représentation pût commencer et ne plus être interrompue. La chronique n'ajoute pas s'ils furent exaucés.

VI

L'Église, on le voit ici, ne s'était pas désintéressée des *mystères*, après qu'ils lui eurent échappés. Ses prêtres n'avaient pas cessé d'en être, pour une plus ou moins grosse part. C'é-

1. L'échafaud, sur lequel on jouait, avait emprunté à ces amphithéâtres païens son nom de *podium*, qui, peu à peu, s'altéra et devint le mot *puys*. A Bourges, la grande représentation de 1536 eut lieu dans une de ces antiques enceintes : « Un théâtre de mystères fut fait sur le circuit de l'ancien amphithéâtre ou fosse des Arènes. Il était excellemment peint d'or, d'argent, d'azur et autres riches couleurs. » Cité par Ch. Magnin, *Journal des Savants*, 1847. p. 57.

tait par exemple, un d'eux, presque toujours, qui s'y chargeait du rôle du Christ.

Elle s'y réservait aussi des aumônes, qui furent l'origine du Droit des Pauvres.

Voici un extrait des Registres du Parlement pour la fin de l'année 1541, qui vous renseignera sur tous ces détails, et particulièrement sur le dernier. Il y est question d'une représentation qui devait avoir lieu à Paris dans le courant de l'année suivante — on s'y prenait de loin, comme vous voyez — et pour laquelle il n'avait pas fallu moins que le Parlement lui-même pour tout prévoir, tout décider, et cela sur un ordre exprès du Roi.

Lettres patentes avaient été délivrées, « portant permission à Charles Le Royer et consorts, maîtres et entrepreneurs du *Jeu et Mystère de l'ancien Testament*, faire jouer et représenter en l'année prochaine le dit Jeu et Mystère. Suivant les dictes lettres leur a esté permis par la Cour à la charge d'en user bien et duement, sans y user d'aulcune fraude, ny interposer choses prophanes, lascives ou ridiculles, que pour l'entrée du Théâtre ils ne prendront que deux sols de chacune personne, et pour le louage de chascune loge durant le dict Mystère que trente escuz. N'y sera procédé qu'à jours de fêtes non solennelles; commenceront à une heure après midy, finiront à cinq, feront en sorte qu'il n'en suive scandalle ou tumulte; et, à cause que le peuple sera distrait du service divin, et que cela diminuera les aulmônes ils bailleront aux pauvres la somme de mille livres, sauf à ordonner des plus grandes sommes [1]. »

1. C'est, nous le répétons, « le droit des pauvres. » V. ce que nous en avons dit dans notre brochure, le *Théâtre et les Pauvres*, 1869, in-12.

Y avait-il du public à ces représentations? Il y avait mieux, il y avait foule. Cette somme des aumônes prélevée sur la curiosité, à défaut de la religion, suffirait pour le faire croire.

Rien ne fut plus populaire que les *Mystères*, on le sait par la popularité persistante de certains noms, de certains types.

Le nom de Grognard appliqué à un vieux soldat, vient du *Mystère de la Passion*. C'est celui d'un vétéran de la garde de Pilate placé en faction auprès des croix du Calvaire.

Lorsqu'on a dit : c'est un drôle d'Olybrius, on rappelle, sans en avoir conscience, le souvenir du Tyran qu'un mystère, celui de *Sainte Reine*, avait rendu le plus ridiculement exécrable.

C'est au mystère du *Nouveau Testament* que « Nicodème » doit la popularité d'imbécile et de sot, que ne lui avaient pas faite les Écritures [1]. Le Pantagruel de Rabelais est le diable d'un *Mystère de saint Louis*, antérieur de trente ans à celui que fit Gringore sous ce titre : *La Vie de Monseigneur saint Loys*. Maistre François l'avait pris là, comme il avait pris le *Panurgo* du répertoire italien [2] pour en faire son Panurge.

Rifflard, ce parasite du *Mystère de la Passion* qui *riffle* ou *raffle* tout [3] est encore populaire. On l'oubliait un peu lorsque Picard le ressuscita, pour sa comédie de *La Petite Ville*, où il l'arma du fameux parapluie, qui a pris son nom : « un rifflard. »

On se passionnait pour ces pièces si bien mortes aujourd'hui comme nous nous passionnons pour celles qui, plus vite qu'on ne le pense, iront peut-être les rejoindre dans l'oubli.

1. Quitard, *Dictionn. des Proverbes*, p. 554.
2. *Catal. de la Biblioth. Soleinne*, t. IV, p. 69-70.
3. Ch. Magnin, *Journal des Savants*, 1846, p. 15.

La passion gagnait même les auteurs.

Un jour, je crois que c'était en Suède, à Stockolm, le garde qui devait enfoncer le fer de sa lance dans le côté du Christ crucifié, y mit, dans l'emportement de l'action, tant d'ardeur et tant de rage, qu'il blessa tout de bon et mortellement même le pauvre acteur mis en croix. Il tomba sous le coup, et, en tombant, écrasa la Sainte Vierge qui priait au pied du crucifix. Le roi qui assistait à la représentation s'élança furieux, le sabre en main sur le théâtre, et fit sauter la tête du malheureux, dont le trop de zèle avait causé ce double malheur. Le public alors cria « vengeance, » se rua en masse sur la scène et tua le roi.

Je ne vous réponds pas de la réalité de cette anecdote, qui transforme en tragédie si « réaliste » une de ces représentations de Mystères qui d'ordinaire étaient assez calmes, sauf pourtant le bruit toujours inévitable avec les grandes foules, et souvent même assez tumultueux pour que les acteurs en scène dussent eux-mêmes et très haut crier : « silence ! » mais ce que je vous puis affirmer, c'est le zèle et l'ingéniosité des acteurs pour ajouter des prestiges à leurs spectacles.

Ils étaient gens de métier, nous l'avons dit ; or, chacun n'apportait pas seulement son empressement et ses efforts pour l'interprétation d'un rôle, mais aussi toutes les habiletés de son industrie pour la mise en scène. On avait ainsi, grâce à ce personnel de gens, qui pouvaient être à la fois acteurs et machinistes, des effets vraiment prodigieux pour l'époque.

Tout y était prévu, même les soudaines clartés, dont la tête des anges ou des archanges devait s'illuminer lorsqu'ils apparaissaient.

Les représentations se faisant en plein jour, on disposait au fond et sur les côtés du théâtre, qui était couvert tandis que l'enceinte où se tenait le public restait en plein air, des ouvertures adroitement orientées qui permettaient de jeter, comme un nimbe autour des têtes divines, un rayon de soleil, pour peu que le soleil voulût bien se prêter à cet effet de scène. Il n'était pas toujours exact. La lumière électrique vaut mieux, aussi est-ce par elle que nous l'avons remplacé pour les angéliques apparitions du *Mystère* que vous aller voir.

Afin que vous jugiez de tout ce qu'on mettait d'intelligence et d'art ingénieux dans les représentations, surtout aux dernières époques du genre, lorsque ne pouvant plus autant frapper l'esprit blasé, il fallait davantage émerveiller les yeux, nous allons, si vous le voulez bien, vous citer le passage très intéressant d'une *Chronique*, où se trouvent énumérées les merveilles de ce fameux *Mystère de Valenciennes* dont vous avez pu voir, à la grande Exposition dernière, une reproduction d'après le manuscrit de la Bibliothèque Nationale.

Il n'y manquait rien qu'une explication qui pût un peu faire comprendre la mise en scène. La *Chronique* dont nous allons citer un fragment vous la donnera[1] :

« Aux festes de la Pentecoste de l'an 1547, les principaux bourgeois de la ville (de Valenciennes) représentèrent sur le théâtre, en la maison du duc d'Arschot, *la Vie, Mort, et Passion de Nostre-Seigneur*, en vingt-cinq journées, en chas-

1. Nous en trouvons la citation dans un curieux recueil : *Le Cabinet de Lecture*, année 1835, nº 113, p. 13.

cune desquelles on vit paroistre des choses estranges et pleines d'admiration.

« Les secrets du Paradis et de l'Enfer étoient tout à fait prodigieux et capables d'être pris par la populace pour des enchantements, car l'on voyoit la Vérité, les Anges et divers autres personnages descendre de bien haut tantôt visiblement, autres fois comme invisibles, puis paroître tout à coup. De l'Enfer, Lucifer s'élevoit sans qu'on vit comment porté par un Dragon. La baguette de Moïse, de sèche et stérile jettoit tout à coup des fleurs et des fruits. Les âmes de Hérodes et de Judas étoient emportées en l'air par les Diables : les Diables chassés des corps, les hydropiques et autres malades guéris, le tout d'une façon admirable.

« Icy Jesus-Christ estoit eslevé (enlevé) du Dyable, qui rampoit le long d'une muraille plus de quarante pieds de haut; là, il se rendoit invisible; ailleurs, il se transfiguroit sur la montagne du Thabor.

« On vit l'eau changée en vin, mais si mystérieusement qu'on ne le pouvoit croire; et plus de cent personnes de l'auditoire voulurent goûter de ce vin. Les cinq pains et les deux poissons y furent semblablement multipliés et distribués à plus de mille personnes, nonobstant quoy il y en eut douze corbeilles de reste. Le figuier maudit par notre Seigneur fut séché, et les feuilles flétries en un instant.

« L'éclipse, le terre-tremble, le brisement des pierres et les autres miracles advenus à la mort de notre Seigneur furent représentés avec des nouveaux miracles.

« La foule fut si grande pour l'abord des étrangers qui y

vindrent de France, de Flandre et d'ailleurs, que la recette monta à la somme de 4,680 livres, combien que les spectateurs ne payassent qu'un liard ou six deniers chacun. »

VII

Il s'en fallait de beaucoup que l'on fût arrivé à toutes ces merveilles quand avait été joué deux cents ans auparavant, c'est-à-dire vers 1350, sous Philippe de Valois, le mystère dont nous vous allons donner la restitution, ou si vous aimez mieux, la restauration.

Sauf quelques prestiges élémentaires, comme celui que nous avons indiqué tout à l'heure, on s'en tenait alors à la mise en scène la moins compliquée. Tout, comme vous allez le voir, se passait sur une place, à laquelle aboutissait chacune des routes que devaient suivre les personnages, et sur laquelle aussi s'ouvraient palais, maisons, chaumières, ermitages, etc., d'où suivant leurs rôles et les exigences de la pièce, ils devaient sortir, ou bien où ils devaient rentrer.

Le « meneur du Jeu, » chargé de dire le prologue, expliquait du mieux qu'il pouvait toutes ces localités souvent très disparates. En outre pour qu'on s'y retrouvât mieux, on appliquait sur chacune un écriteau, qui complétait l'explication.

Dans la préface parlée du *Mystère de l'Incarnation* joué à Rouen en 1498, on lit, par exemple :

> Afin d'ennuy fuir, nous nous tairons
> Présent (à présent) des lieux. Vous les pouvez connaître
> Par l'escritel (l'écriteau) que dessus voyez estre.

Nous nous tairons-nous de même sur les différents endroits où s'agite la multiple scène de notre Mystère. Des écriteaux aussi vous les indiqueront.

Vous n'y verrez pas « le Paradis, » qui sur ces théâtres primitifs disposés en trois étages, ou « établis, » occupait le plus élevé. Des raisons de convenance, qui nous interdisaient de mettre en scène le Christ et sa mère, nous ont obligé à cette suppression, la seule, du reste, que nous nous soyons permise.

L'archange saint Michel et l'ange Gabriel, qui sont d'ailleurs aussi du *Mystère*, prendront leur place, et vous les verrez descendre du ciel par un très prosaïque escalier, comme c'était d'usage en ces mystères primitifs [1].

Vous n'y verrez pas non plus l'Enfer, qui était l'étage ou « établi » inférieur. Comme dans ce Mystère, le Diable, personnifié par Robert, est sur la scène, l'Enfer devenait inutile; l'auteur inconnu qui a fait la pièce, l'a donc supprimé. Nous le regrettons presque, tout en nous demandant comment nous aurions pu le faire représenter.

C'était une des curiosités de ces représentations. Il flambait en bas, avec ses diablotins grouillant et hurlant, tandis que le ciel, avec son Dieu, sa Vierge et ses Anges, rayonnait en haut, laissant entre ses sérénités et les sphères maudites, l'espace où s'agitait l'homme et ses misères.

Pour que la représentation ne fût pas à tout instant troublée

1. « La travée supérieure (le ciel) communiquait avec l'inférieure (la terre) au moyen de deux escaliers placés aux deux côtés du Jeu. » Ch. Magnin, *Journal des Savants*, 1847, p. 50.

par ces diables turbulents, qui — c'est le mot — jetaient feu et flamme, on déployait, sur la gueule du monstrueux dragon qu servait d'ouverture à leur Enfer, un rideau qui ne s'écartait, pour les laisser passer, qu'aux moments indispensables.

Un des plus terribles de ces diables, et par conséquent des plus populaires, s'appelait Hellequin. En se transformant du tout au tout, pour être aussi gai qu'il avait été effroyable, il devint plus tard Arlequin. C'est à cause de lui, et en souvenir du manteau qu'il soulevait, pour s'échapper de l'Enfer vers la Terre, que le rideau découpé qui sert de cadre à l'avant-scène s'appelle encore aujourd'hui, en langage de théâtre, *le manteau d'Arlequin*[1].

Il y avait péril à jouer ces rôles de diables. Plus d'un, — comme cela notamment arriva à la représentation du *Mystère de saint Martin*, à Seurre, en Bourgogne, dont nous avons déjà parlé, — plus d'un y brûla sa queue et ses chausses.

On les payait pour cela mieux que les autres.

Si vous me permettiez de risquer un calembour, je dirais, toujours en langue de théâtre, que ces malheureux diables, à cause des flammes où ils couraient le risque d'une grillade, touchaient « double feu. »

Les nécessiteux se les disputaient, par conséquent. A Chaumont, après une *Diablerie* qui fut célèbre, et dans laquelle beaucoup de ces pauvres gens « qui — c'est le mot ici — tiraient le diable par la queue, » trouvèrent des ressources sous les dangers du rôle, il resta un dicton que voici : « S'il plaît à Dieu,

1. V. à ce sujet une note du mystère *La Conversion de saint Paul* dans notre volume *Théâtre français avant la Renaissance*, Paris, La Place, 1873, gr. in-8°.

à la Sainte Vierge, et à monsieur saint Jean, je serai Diable... et je payerai mes dettes. »

VIII

Je viens maintenant au vrai Démon, dont je dois surtout m'occuper, à « Robert-le-Diable. »

Le *Mystère*, ou Miracle, épopée de ses crimes et de sa conversion, que l'on va vous représenter, et dont j'ai restauré « restitué » le texte, vers pour vers, afin qu'il vous devînt plus intelligible, est d'un genre tout particulier, mais qui n'a pas, il s'en faut, que ce spécimen.

Il existe à la Bibliothèque un inappréciable manuscrit en deux volumes in-4°, qui en contient quarante de même sorte, moitié de piété, moitié de chevalerie, et tous plus ou moins largement taillés dans une des légendes qui étaient le plus populaires au XIVe siècle[1].

Pour avoir, en effet, quant au *Mystère de Robert le Diable*, la véritable époque de la composition, et sans doute aussi de la représentation, il est bon de la chercher ni au delà ni en deçà de ce siècle.

C'est même de la première moitié qu'il doit dater.

Les « parisis d'or » dont il y est parlé, et qui n'eurent cours

1. Sur ce manuscrit qui provient du célèbre amateur, M. de Cangé, et qui entra, en 1733, à la Bibliothèque, où il porte aujourd'hui les nos 819 et 820 du fonds français, V. un article de Charles Magnin dans le *Journal des Savants*, année 1847, p. 43. — Les quarante *Miracles* que contiennent les deux volumes sont en voie de publication dans la collection des *Anciens textes*, par les soins de MM. Gaston Paris et Ulysse Robert. Ils formeront six volumes, dont deux, où ne se tronve pas encore le mystère que nous publions, ont déjà paru.

que sous le règne de Philippe de Valois, sont une preuve qu'il ne faut pas le faire remonter moins haut que 1350, dernière année du règne.

L'origine de ce *Mystère*, de ce *Miracle*, — deux mots à peu près synonymes dans le langage dramatique de ces temps[1] — était un roman versifié, qui, avant de prendre la forme du drame, avait d'abord été resserré, condensé dans un « Dit, » dont nous reparlerons, sorte de récit rimé que les jongleurs allaient débiter de place en place, et sur lequel la pièce mesura ses proportions assez restreintes[2] et régla certaines particularités de son rhythme[3].

Ces transformations, auxquelles nous a de plus en plus accoutumés le théâtre moderne, beaucoup trop fréquemment alimenté par une double mouture des romans en vogue, étaient chose assez ordinaire.

Quoi qu'ait pu dire récemment un des éditeurs du *Mystère de saint Louis*, par Gringore, lorsqu'il a prétendu qu'en France « les Chansons de gestes n'ont pas pris la forme de Mystères qui leur eût si bien convenu, » il nous est parfaitement avéré que ce fût au contraire une de celles qu'elles revêtirent le plus volontiers.

1. Les pièces qui roulaient sur la vie de Jésus ou sur l'Ancien Testament se nommaient *mystères;* d'autres, qui avaient pour sujet les faits merveilleux de la vie d'un saint s'appelaient *miracles;* « mais bientôt ces deux expressions furent employées indifféremment. » Jusserand, *Le Théâtre en Angleterre,* 1878, in-12, p. 47.

2. M. Paul Meyer a judicieusement fait remarquer combien sont courts les mystères du XIIIe et du XIVe siècles comparés à ceux des siècles suivants. *Revue critique,* 18 septembre 1869, p. 183.

3. Le petit vers à la fin de chaque réplique est, suivant M. de Montaiglon, un reste, un souvenir des « laisses » ou fins de couplet des chansons de geste.

La pièce de *Robert-le-Diable*, qui procède d'un roman dont le fond est plus ou moins historique, et qui appartient par là au genre des Chansons de Gestes, suffirait comme témoignage, lors même que d'autres preuves manqueraient; or, elles ne manquent pas.

Ne joua-t-on pas, à Orléans, sous Louis XII, un *Mystère de Charlemagne*, malheureusement perdu, mais où devait se développer le cycle des poèmes dont l'histoire du grand Karl était le point de départ et le centre?

Les *Quatre Fils Aymon*, cette « geste » de plus de sept mille vers dont la première version en prose, prototype de celle qui court encore les campagnes, fut faite au XVIe siècle, lorsque sous cette forme se popularisèrent tant de récits du même genre jusqu'alors réservés à la noblesse, y dramatisaient assurément, en un certain nombre de scènes, quelques-uns de leurs chevaleresques épisodes.

Je ne jurerais pas qu'ils ne furent eux-mêmes, avec toute leur histoire, mis en mystère, pour peu que dans cette histoire on eût trouvé, ce qui était toujours facile, quelque matière à miracle, quelque partie plus édifiante où le Christ et sa mère pouvaient intervenir.

Pour qu'un roman devînt drame, c'était indispensable. Les pièces s'agitaient sur la scène, le dénouement se faisait au ciel.

Il y a soixante ans, suivant Émile Morice, dans son *Histoire de la mise en scène*, on jouait encore, au fond de la Bretagne, une sorte de tragédie-mystère des *Quatre fils Aymon*. Soyez sûrs qu'elle datait de loin, de très loin, du moyen âge sans doute, seul temps où les vieux romans avaient eu assez de popularité pour prendre cette forme, qui fut toujours leur consécration la plus populaire.

Nous en dirons autant d'un drame-mystère tiré du roman de *Fierabras*, dont le savant M. Jomard vit une représentation sous le premier Empire, dans un village des Basses-Pyrénées[1].

Qu'est-ce que l'une des pièces du recueil, dont nous parlions tout à l'heure : *Le Miracle comment Ostes, roy d'Espaigne, perdit sa terre?* une reproduction dramatique de deux romans : celui de *la Violette* et celui du *Roi Flor*, que Shakespeare mit aussi à contribution pour sa *Cymbeline.*

Cherchons encore, poussons plus loin dans ces deux volumes du fond Cangé. Nous y trouverons : un *Miracle de Nostre-Dame d'Amis et d'Amille,* qui n'est que la mise en action d'un roman du même titre mais plus ancien ; un *Miracle de Nostre-Dame de l'Empereris de Rome,* où se reproduit le sujet d'un conte dévot de Gautier de Coinsi ; enfin un *Miracle comment la fille du roy de Hongrie se copa la main,* qui vient en droite ligne du *Roman de la Manekine* par un trouvère du XIIIe siècle, Philippe de Reims.

Sous Louis XIV, nos montreurs de marionnettes faisaient encore jouer à leurs pantins une pièce des *Amours de Blanche de Provence et de la belle Maguelonne*[2], à la façon de celle de Gaïferos et de Mélisandre, représentée par ces pauvres petits comédiens de bois que don Quichotte, s'il vous en souvient, mit si cruellement en morceaux à grands coups de rapière[3].

1. *Histoire littéraire de la France,* t. XVIII, p. 720, note.
2. V. *Les Souffleurs,* comédie par Chilliac, 1694, in-12, acte I, sc. XX et XXI.
3. *Don Quichotte,* trad. par L. Viardot, 1re édit., in-12, t. II, p. 309-319.

Molière lui-même, lorsqu'il revint à Paris, ne joua-t-il pas une pièce de *Huon de-Bordeaux*, qui, de même que celles dont nous venons de parler, n'avait d'autre origine, d'autre source qu'un roman qui s'était, par la force même de sa popularité, imposée au théâtre?

IX

Tant que la scène n'avait été qu'aux mains des prêtres, puis des corporations de métiers, les drames pieux en avaient seuls formé le répertoire. Le clergé y faisait jouer les saintes Ecritures ; l'*Ancien Testament,* le *Nouveau*, les *Actes des Apôtres*, etc. Pour les métiers, les pièces étaient tout à l'honneur de leurs patrons.

Quand la noblesse s'en mêla et se donna aux « Jeux, » tant pour le choix des drames que pour celui des acteurs, le roman et la chevalerie prirent pied dans les représentations. Sans en écarter l'élément pieux, dont ils se firent au contraire un moyen et un ressort, ils renouvelèrent par la légende, mi-partie de chevalerie et de religion, ce qui, exclusivement religieux, commençait à vieillir.

C'est alors que furent joués des mystères, comme celui de *Robert-le-Diable :* « Les légendes chevaleresques du théâtre, dit Charles Magnin, viennent de l'influence qu'exerçaient les jeunes seigneurs membres et souvent princes des confréries[1]. »

Quels rôles s'y réservaient-ils ? Nous l'ignorons. Rien sur ce

1. *Journal des Savants,* année 1847, p. 44.

point ne nous est parvenu, ce qui nous ferait volontiers croire qu'après avoir veillé à l'élaboration du mystère, à sa distribution, à sa mise en scène, ils se tenaient à l'écart pour le reste.

Les gens de métier ne s'en désintéressaient pas avec autant d'abnégation.

C'était à qui s'y choisirait des rôles, et des plus hauts, des mieux en vue. Noël du Fail, en ses *Contes d'Eutrapes*[1], parlant des pièces jouées de son temps, dans un jeu de paume de la rue Saint-Thomas du Louvre, par des artisans dont le libraire Cleray s'était fait le chef pour accaparer les belles parts et le prestige, fait en quelques mots ressortir le ridicule de ces gens de rien qui croyaient se faire une importance avec une couronne de papier doré : « Georges Cleray, dit-il, n'avait garde, aux jeux et comédies de Saint-Thomas, de jouer autre personnage que d'un roy ou d'un empereur. »

Le grand épistolier Balzac avait rencontré pareils sots. Un boulanger d'un village voisin de son château était, par exemple, d'une prétention de même farine :

« Il y avait autrefois, dit-il,[2] un boulanger, à deux lieues d'ici, estimé, excellent homme pour le théâtre. Tous les ans le jour de la Confrérie, il représentoit admirablement le roy Nabuchodonosor, et y savoit crier à pleine teste :

> Pareil aux dieux, je marche, et depuis le réveil
> Du soleil blondissant jusques à son sommeil
> Nul ne se parangonne à ma grandeur royale.

« Il vint de son temps à la ville une compagnie de comé-

1. Anc. édit., t. II, p. 98.
2. *Entretiens de feu monsieur de Balzac*, 1664, in-12, p. 86.

diens qui était alors la meilleure compagnie de France. On y mena Nabuchodonosor, un dimanche qu'on jouait le *Ravissement d'Hélène*; mais voyant que les acteurs ne prononçoient pas les compliments du ton qu'il se faut mettre en colère, et principalement qu'ils ne levoient pas les jambes assez haut dans les démarches qu'ils faisoient sur le théâtre, il n'eût pas la patience d'attendre le second acte; il sortit du Jeu de Paume dès le premier :

Et ce roy tout blanc de farine,
Desgoûté de la froide mine
De celuy qui faisoit Pâris :
« Mordieu, dit-il, de la canaille.
Il ne sçait rien faire qui vaille;
Il faisait les pas trop petits. »

Qu'on ne s'étonne pas de voir dans cette anecdote, qui par plus d'un point a son caractère, des gens de village, des artisans de bourgade jouer entre eux des pièces qui probablement étaient « du crû, » comme leur talent, et ne devaient rien aux répertoires de Paris. Il en fut longtemps ainsi. Nous pouvons même ajouter que la grande ville, à laquelle manquaient pour l'exécution des mystères les vastes espaces qu'ils trouvaient en province, s'approvisionnait de pièces dans les autres villes, bien plus que celles-ci ne s'en fournissaient chez elle.

Ce que nous appelons « la décentralisation dramatique » exista pendant tout le moyen âge et même après. Les plus belles représentations, par exemple, du *Mystère de la Passion*, qu'on ait vues à Paris y furent données en 1490, par une troupe, j'allais dire par une armée, de comédiens venue exprès d'Angers, où elle avait eu le plus grand succès.

A la dernière page du volume — nous dirions la brochure — on lit : « C'est la fin du Mystère de la Passion de Nostre-Seigneur qui fut jouée à Angiers, et à Paris derrainement, l'an 1490. »

Le *Mystère de Robert-le-Diable* nous vient aussi d'un de ces répertoires de province. Lequel ? On ne sait ; mais d'un répertoire normand ou picard certainement. Le langage l'indique, ainsi que quelques détails.

Il fut, nous l'avons déjà dit, publié pour la première fois en 1836, à Rouen, où peut-être il avait été, il y a plus de cinq siècles, composé et joué.

La popularité du type, réveillée pour la scène par le grand succès de l'Opéra de Meyerbeer et de Scribe, qui ne lui ressemble que très peu, quoiqu'issu de la même légende, avait été l'aiguillon de cette résurrection en volume.

X

Puisque nous parlons de la légende, voyons un peu quelle en était l'origine. Doit-elle être cherchée dans l'histoire ? Plusieurs le prétendent. Le Robert, que vous allez voir, serait, à les croire, Robert *courte heuse* ou *courte botte*, — ainsi nommé à cause de sa petite taille — fils de Guillaume le Conquérant, duc de Normandie, puis roi de l'Angleterre qu'il avait conquise.

Pour mon compte, je ne le crois pas. Le rôle de duc trop débonnaire et presque ganache, que joue dans la pièce le duc de Normandie, père de Robert, ne peut être à aucun égard celui de Guillaume le Conquérant.

Il n'y a, selon moi, dans le drame que l'on va vous jouer, qu'une fiction avec des reflets d'histoire. La vérité n'est que dans les types, mais là elle est réelle, saisissante. Vous en jugerez tout à l'heure.

Un roman, qui court encore avec les colporteurs de la Bibliothèque bleue d'Épinal, semble avoir, nous l'avons déjà dit, servi de point de départ. Il fut rimé tout d'abord, puis quand l'imprimerie put, ainsi que ses pareils, le rendre plus populaire, on lui enleva l'ourlet de ses rimes ; on le mit dans une prose, qui, suivant les variations du langage, put d'époque en époque se rendre toujours compréhensible, et voilà comment on s'en amuse encore aujourd'hui dans les campagnes.

Un récit rimé, qui le résumait, un « Dit » — c'est le mot du temps — en avait aussi été fait, comme on l'a vu plus haut, à l'usage des jongleurs qui allaient le réciter partout[1].

C'est de ce « Dit, » peut-être, plus encore que du roman, que dut venir le *Mystère*. Il en suit en effet bien mieux toutes les phases, et il en a le dénouement. Dans le roman, Robert converti se fait ermite ; dans le « Dit, » et dans le *Mystère* — qui devancent ainsi une des exigences du théâtre moderne où l'on veut toujours un mariage pour finir — il épouse la fille de l'empereur.

1. Littré, *Histoire littéraire de France*, t. XXII, p. 879-887.

Je ne vous ferai que cette indiscrétion sur les péripéties du mystère, dont l'imprévu et les surprises, parfois sans transition, et toujours sans préparation aucune, font une des originalités et, je crois, un des plus vifs attraits.

C'est du moyen âge naïf, et tout cru, passez-moi le mot.

Vous y verrez des bandits, des mécréants, dont une bataille de deux minutes délivrera toute la chrétienté. Des prêtres et des princes viendront aussi.

Vous aurez un ermite, « un prud'homme » comme on disait, un prieur d'abbaye, puis — et sans que vous vous dérangiez pour l'aller trouver — le Pape en personne, et avec lui, dans la même ville, Rome, celui sur lequel tout regard chrétien était alors ouvert, l'Empereur.

La pièce ne serait pas de son temps si elle n'était dominée par ces deux types souverains, dont Victor Hugo a si bien dit dans Hernani :

> Ces deux moitiés de Dieu : le Pape et l'Empereur.

Nous avons donc tout respecté de cet arbre vigoureux mais sauvage. Nous n'avons pas voulu en enlever un seul fruit sous prétexte qu'il était trop vert.

PERSONNAGES

Dieu.
Notre-Dame.
Saint Jean.
Gabriel, premier ange.
Michel, deuxième ange.
Le Pape.
L'Emperière (l'Empereur).
La Fille (de l'Empereur).
Le duc de Normandie, père de Robert.
La duchesse, mère de Robert.
Robert le Diable.
Brise-Godet, compagnon de Robert.
Rigolet, compagnon de Robert.
Boute-en-Couroye, compagnon de Robert.
Lambin, compagnon de Robert.
Premier baron du duc de Normandie.
Deuxième baron du duc de Normandie.
Troisième baron du duc de Normandie.
Huchon, Pieron, } gens au service du duc.
Premier écuyer de la duchesse.
Deuxième écuyer de la duchesse.
La Damoiselle, dame d'honneur de la duchesse.
La Maîtresse, gouvernante de la fille de l'Empereur.
L'écuyer de l'Empereur.
Remond, intendant de l'Empereur
Premier chevalier de l'Empereur.
Deuxième chevalier de l'Empereur.
Le Sénéchal.
L'écuyer du Sénéchal.
Un Messager.
Premier compagnon.
Deuxième compagnon.
Le Moine.
L'Abbé.
L'Ermite, auquel se confesse Robert.
L'Ermite tué par Robert.
La Fromagère.
Un Valet.
Premier sergent du Pape.
Deuxième sergent du Pape.
Premier païen.
Deuxième païen.
Troisième païen.
Les Clercs.
Le Paysan.

LE MYSTÈRE
DE
ROBERT LE DIABLE

PREMIÈRE PARTIE

SCÈNE I

LE DUC.

Robert, à quoy tens-tu né tires?
Il me semble que tu empires
Et vaux pix hui que devant hier.
Je t'avoie fait chevalier
Pour ce que les maux délaissasses
Et que de bien faire pensasses,
Comme bon chevalier doit faire,
Qui doit courtois et debonnaire
Estre aux bons et les eslever,
Et les mauvais felons grever;
Et je scé et vois touz les jours
Que tu fais du tout le rebours;
Et sainte Eglise et Dieu despis,

LE DUC (*à son fils*).

Où tends-tu? Parle, il faut le dire;
Robert, car en toi tout empire;
Tu vaux moins aujourd'hui qu'hier.
Je t'avois armé chevalier,
Pour que le mal te délaissasses,
Et qu'à bien faire tu pensasses.
En vrai chevalier tu le dois,
Si veux être brave et courtois.
Sois tout aux bons et les élèves,
Tandis que les méchants tu grèves,
Et frappes. Tu fais au rebours,
Je le sais et vois tous les jours.
Pas un plus que toi ne méprise,

Qui est, je te dy bien du pis.
Avise toi.

ROBERT.

Vous avez tort, pere, de moy
Blasmer, et perdez vostre paine.
Ne cuidez point que je me paine
De bien faire, n'en ay talent.
Mais je ne seray mie lent,
Puis ce di que chevalier suy,
De faire à ces prestres annuy,
De ces moines batre et lober
Et de leur tolir et rober.
Se ne scé qu'ilz aient joyaux
Né saintuaires bons né biaux,
Avec moy les emporteray ;
Certes jà riens ne leur lairay ;
Et s'il y a nul qui en grouce,
Ne doubtez que ne le courrouce
Tant, que sa vie li touldray.
Ainsi demener me voulray ;
Desoresmais, laissiez m'en paiz,
Ailleurs m'envois, et cy vous lais,
Où j'ay des compaignons assez.
Tant ferons, ains ii mois passez
Que nous assemblerons d'avoir
Plus que vous n'en pourrez avoir.
J'en suis certains.

Ainsi que Dieu, la sainte Église,
Or, de tes meffaits c'est le pis,
Songe donc, je te le redis
Songe à mieux faire.

ROBERT.

A grand tort vous me blâmez, père,
Votre peine s'y perd pour rien.
Mon talent n'est pas pour le bien.
Suis chevalier, et ne veux l'être
Que pour ennuyer moine ou prêtre,
Les battre, et prendre leurs joyaux.
En ont-ils de bons et de beaux?
Vite avec moi je les emporte,
Et cher eux me conduis de sorte
Que rien n'y laisse. Grognent-ils?
Ils se mettent en grands périls.
Au premier, qui mon droit conteste
Je prends sa vie avec le reste.
Ainsi veux vivre désormais.
Aussi laissez-moi donc en paix.
Ailleurs vais, où j'ai compagnie
De gens à moi. Je me renie
Si, dans peu, je ne sais avoir
Plus de biens que n'en pourrez voir,
Chose certaine!

(Il sort.)

SCÈNE II

LE DUC.

E Diex! de dueil sui si attains
Que je ne sçay que devenir.
Je voy mon filz ci contenir
Que de riens nulle ne li chault.
A mal faire est boullant et chault,
Mais de bien faire ne tient compte.
Estat déust mener de conte
S'il fut sages et diligens,
Et il n'est que robéur de gens;
Dont il m'ennuie et me deplaist,
E biau sire Diex! s'il vous plaist,
Si vostre grace li donnez
Qu'à repentance l'amenez
Des maux qu'a fait, et de cuer fin
Mercy vous requier ains sa fin.
Biaux sires Diex.

LE DUC (*seul*).

Dieu! j'ai tant de deuil et de paine
Que je ne sais que devenir.
Mon fils ne se peut contenir.
Chaud pour le mal, il ne tient compte
De bien faire. Il devrait en comte,
S'il était des preux diligents,
Vivre: Il n'est qu'un voleur de gens!
C'est ennui qui bien fort me pèse.
Ah! beau sire Dieu! Qu'il vous plaise
Votre grâce lui départir,
Et l'amener au repentir
Des meffaits qu'il a pu commettre.
Avant sa fin veuillez permettre
Qu'il soit pieux

(*Il sort.*)

SCÈNE III

Sur la place.

ROBERT.

Egar! ou j'ay troubles les yex,
Ou je voy la Brise-Godet,
Et son compaignon Rigolet.
Ils viennent d'où que soit, d'esbatre.
Dites-moi, dites sanz débatre,
Dont venéz vous?

ROBERT.

Qu'est-ce là? J'ai du trouble aux [yeux,
Ou c'est Brise-Godet, me semble,
Et Rigolet qui vont ensemble.
Ils auront fait quelques bons coups.
D'où venez-vous?

BRISE-GODET.

Nous le vous dirons, sire doulx.

BRISE-GODET.

Sans plus débattre on peut, beau sire,

Nous venons d'un po besoignier
Et de cette male gaingnier
Qu'en mon braz port.

ROBERT.

A qui, dites-moy sans déport,
L'avez tolue?

RIGOLET.

A un ne scé s'il a nom Hue,
Mais comme moine estoit vestuz
Et s'a trop bien esté batuz,
Pour ce que se voult entremettre
De soy en deffense en po mettre
Encontre nous.

ROBERT.

Vous n'avez riens valu, quant vous
Ne li avez copé les poins,
Ou l'eussiez tüé de touz poins.
Ainsi de telx gens le feroie.
Dites où est Boute-en-Courroie,
Né Lambin, né Hupin le Grant?
Je vueil de savoir estre engrant
Que m'en direz.

Et sans barguigner, vous le dire.
Nous venons d'un peu besogner,
Et de cette malle gagner,
Que mon bras porte.

ROBERT.

C'est besogner de bonne sorte,
D'où ce butin?

RIGOLET.

Je ne sais, mais il est certain
Que celui pour qui l'aventure
Tourna mal, d'un moine a l'allure,
Et l'habit. Nous l'avons battu,
Mon doux sire, à bras que veux-tu?
Il criait : Pour Dieu quelle offense!
Et voulait se mettre en défense
Contre nous deux.

ROBERT.

C'est bien, mais vous auriez pu [mieux,
En ce cas, rien ne m'embarrasse.
Il fallait, sans merci ni grâce,
D'abord lui couper les deux poings
Puis le tuer. C'est là le moins
Pour moi, quand ces gens sont ma [proie.
Où se trouve Boute-en-Courroie,
Son compagnon Hupin-le-Grand
Et Lambin? Il faudrait tout franc
Ça me le dire.

BRISE-GODET.

En vostre hostel les trouverez,
Sire, au mains nous les y laissasmes,
Quant après le moine en alasmes,
Pour li pillier.

BRISE-GODET.

Ils doivent être chez vous, sire.
Là du moins les avons laissés,
Quand au moine sommes passés
Pour le pillage.

ROBERT.

Sus! il nous fault du pié billier
Et jusques en maison aller.
Or ça! a vous touz vueil parler;
Si vous diray comment il est:
Je vueil que chascun soit tout prest
De venir où je le menray.
M'entente est que ne fineray
D'aler d'une abbaie en autre
Afin que ces moines espiautre;
Tant qu'aray serchié, c'on le die,
Toutes celles de Normandie,
Et touz leurs tresors cercherons.
Et si les en apporterons
Et touz leurs bons joiaux aussi;
Si, pourrons trouver par ainsi
S'il y a prestre né convers
Qui mot en die de travers
Ou qui à groucer vueille prendre,
Qu'en celle heure sanz plus attendre
Soit mis à mort.

ROBERT.

Venons au fait sans barguignage.
Allez les quérir à l'hôtel.

(*continuant quand ils sont arrivés.*)

Tous, soyez prêts à mon appel,
Et sachez comme il faudra vivre,
Quand j'aurai dit ? il faut me suivre.
Vous ferez ce que je ferai,
Vous irez où je mènerai :
Ce sera d'un couvent à l'autre,
Car ces diseurs de patenôtre,
Moines, dont le ciel est le jeu,
Les écorcher, voilà mon vœu,
Je prétends piller, qu'on le die,
Tous les couvents de Normandie,
Leurs trésors nous y chercherons,
Et céans les apporterons,
Avec tous leurs joyaux. Peut-être,
Quelque frère lai, quelque prêtre
Voudra, nous traitant de pervers,
En parler un peu de travers
Et grognera. Sus, qu'on le prenne,
Que d'un gibet, il soit l'étrenne,
Et mis à mort.

BOUTE-EN-COURROIE.

Maistre, par foy, j'en sui d'accort,
Puis que c'est vostre voulenté.
Nous y arons tost conquesté
Moult grant avoir.

BOUTE-EN-COURROIE.

Puisqu'il vous plaît, j'en suis d'ac-
[cord,
Et — ce qui mon courage aiguise —
Ainsi pourrons à notre guise
Grands biens avoir.

LAMBIN.

Boute-en-Courroye tu diz voir,
Et bien y a raison pour quoy ;
Ilz sont gens qui en leur requoy
Se tiennent et petit despendent
Et a amasser touzjours tendent ;
Et si ont de grands revenues,
Des maisons qui d'eulx sont tenues
Et de leurs autres labourages ;
Pour ce est bon sur eulx le pillage,
Si com moy semble.

LAMBIN.

Il a raison pour cet espoir. [sent.
Ce sont gens qui bien peu dépen-
A faire amas d'or toujours pensent.
Des biens qui par eux sont tenus,
Ils tirent de gros revenus,
Sans compter tous leurs labourages;
C'est pain bénit pour les pillages.
Courons-y tous.

ROBERT.

Bien est. Or regardons ensemble
Où nous irons premièrement :
Car, je vous vueil dire briefment,
Je me pense entre eulx si voultrer
Et tel par paroles monstrer,
Et de fait en tel estat mettre
Que les plus sages feray estre
Gens esbahies.

ROBERT.

Bien dit. Mais voyons entre nous
Par où commencer l'aventure.
Il nous la faudrait belle, sûre,
Telle que sages ou hardis
Soient ébahis.

RIGOLET.

Maistre, avecques ces abbaïes,
Trouverons-nous bien, par ces villes,
De ces villains riches à milles

RIGOLET.

Des couvents nous irons en ville,
Où des vilains riches à mille
N'osent leur argent déployer,

Qui le leur n'osent desploier ;
Là se fera bon emploier
Aussi sanz doubte.

Il s'y fera bon employer
Aussi sans doute.

BRISE-GODET.

Il dit voir; suivez moy à route
Et vous menray chiez tel homme,
Qu'on tient à riche de la somme
De Vm voire et de plus,
Et est un païsant emplus
Qui ne fait pas despens à gast ;
Je ne croy pas que onques mengast
D'un bon morsel.

BRISE-GODET.

C'est bien dit. Mettons-nous en [route.
Chez un paysan vous mènerai
Riche dit-on, et l'on dit vrai,
De cinq mille et plus. Sans dépense.
Il n'a jamais mangé, je pense,
Ne vivant que de pain et d'eau,
Un bon morceau.

ROBERT.

Brise-Godet, tost et isnel,
Nous y maines et je t'en pri ;
Or, avant, seigneurs, sanz détri
Alons après.

ROBERT.

Brise-Godet, conduis-nous vite,
Et vous, seigneurs, je vous invite
Allons après.

LAMBIN.

De vous suivre sommes touz près,
Marchiez bon pas.

LAMBIN.

Marchez bon pas, nous sommes [prêts
Tous à vous suivre.

BRISE-GODET.

Maistre, ne vous mentiray pas,
Vez-ci du vilain la maison,
Entrons-y sans arrestoison ;
Je le conseil.

BRISE-GODET.

Sans différer, je vous le livre ;
Sa maison, maître, la voici.
N'arrêtons pas, vite entrons-y
Je le conseille.

SCÈNE IV

Chez le paysan.

ROBERT.

Soit Brise-Godet, je le vueil.
Qui dort céens ?

ROBERT.

Soit. Holà! Pendant que je veille
Qui dort céans?

LE PAYSANT.

Il n'y a n'estans né séans
Qui y dorme, sire, par foy ;
Voulez-vous riens, n'y a que moy
En tout cest estre.

LE PAYSAN.

Pas un ne dort ici dedans,
Car, si ce n'est moi, dans ce gîte
Nul ne s'abrite.

BRISE-GODET.

C'est le seigneur de ceens, maistre,
Que vous ay dit.

BRISE-GODET.

C'est le riche que vous ai dit
Sans contredit

ROBERT.

Prenez le tost, sanz contredit ;
Liez li les piez et les poins,
Et m'en delivrez de toux poins,
Je n'y voy miex.

ROBERT.

Qu'il soit saisi, qu'on m'en délivre
— Nous verrons après s'il doit [vivre. —
En lui liant, l'on ne peut moins,
Et pieds et poings.

LE PAISANT.

Pour si hault seigneur comme est [Diex,
Biaux seigneurs, je vous cri mercy.
Ne croy pas qu'a nul de vous cy
Onques encore mal féisse,
Né c'onques mais de vous véisse,
A mon avis.

LE PAYSAN.

Grâce, seigneurs, que l'on m'en-
Par pitié je vous le demande : [tende!
Quel mal est-ce que je vous fis?
Jamais nul de vous je ne vis
Qu'il me souvienne.

ROBERT.

E! ne nous fais point tel devis;
Fay si, nous monstre le trésor
Que tu as fait d'argent et d'or;
Ou tu mourras à tel meschief
Que je te copperay le chief
En ceste place.

LE PAISANT.

Sire, ne doubtez que ne face
Ce que voulrez, sanz contredire;
Pour Dieu, venez le véoir, sire,
Voulentiers le vous monstreray,
Ceste huche vous ouverray.
Esgardez, sire.

ROBERT.

Qu'a il ci? vueilles me voir dire;
Sont-ce florins?

LE PAISANT.

Oil, anges et moutons fins;
Et vez ci touz parisis d'or;
Et ci autre monnoie encor
Qu'est bonne et belle.

LAMBIN.

As-tu d'argent point de vaisselle,
Nulle autre part?

LE PAISANT.

Nanil, sire, sé Dieu me gart,

ROBERT.

Paix! c'est assez de cette antienne.
Montre-nous tout l'argent et l'or
Qui te font un ample trésor,
Où je te vais, sans plus d'enquête,
Couper la tête.

LE PAYSAN.

Volontiers vous le montrerai,
Et ma huche vous ouvrirai.
Regardez, sire.

ROBERT.

Qu'est-ce cela? Tu vas le dire :
Sont-ce florins?

LE PAYSAN.

Oui, puis moutons, angelots fins,
Parisis d'or, riche monnoie
Toute — il suffira qu'on la voie —
De bon aloi.

LAMBIN.

Autre part n'as-tu pas, dis-moi,
Quelque vaisselle?

LE PAYSAN.

Nenni, sire, je n'ai que celle

Sé ne sont ces vj gobelez	Que vous voyez : six gobelets.
Qui ne sont pas moult nettelez	Regardez-les.
Ce véez bien.	
ROBERT.	ROBERT.
Sa, Rigolet, passe avant, tien ;	Allons, Rigolet, que l'on prenne
Ces gobelez et ces sas ci	Sacs, gobelets ; c'est mon étrenne,
Me garderas, et toy aussi,	Qu'on me les conserve, Lambin,
Lambin, cesti tien en ta main;	Aide-le. Quant à toi, vilain,
Ore scez-tu qu'il est, vilain,	Puisque nous te laissons la vie,
Di grans merciz la compagnie	Dis : grand mercy la compagnie
Quant nous ne te tollons la vie.	Allons plus loin.
Sus, alons m'ent.	
LE PAISANT.	LE PAYSAN.
Seigneurs, je pri Dieu bonnement	Seigneurs, prierai Dieu qu'il ait soin
Qu'il vous tiengne touz en santé	Vous tenir en santé parfaite.
Et qu'il vous doint, par sa bonté,	Que son amour, je le souhaite,
Enfin s'amour.	Vous vienne enfin.
RIGOLET.	RIGOLET.
Sanz faire cy plus de demour,	Aurons encor un meilleur gain
Alons m'en en celle abbaïe,	Si nous gagnons cette abbaïe.
Et si soit de nous envaïe.	Par nous qu'elle soit envahie.
Je sui certain que grant avoir	Croyez-moi, rien de plus certain :
Y trouverons, à dire voir.	Nous aurons là fort gros butin
Alons y, maistre.	Allons-y, maître.
BOUTE-EN-COURROIE.	BOUTE-EN-COURROIE.
Certainement il ne peut estre	Il a raison : il ne peut être
Qu'il n'y ait léens grant trésor	Qu'on n'y trouve du haut en bas
De ioiaux et d'argent et d'or,	De richesses très grand amas.
Comment qu'il aille.	Tout y foisonne.

ROBERT.

Si irons donc ; Lambin, or baille
A Rigolet ce sac que tiens,
Porte à l'ostel tout et reviens
Là tost à nous.

ROBERT.

Allons-y donc. Toi, Lambin, donne
A Rigolet ce que tu tiens
(*A Rigolet.*)
Porte à l'hôtel tout, et reviens,
Sans qu'on t'attarde.

RIGOLET.

Je revenray si tost que vous
En pourrez bien esmerveillier.
Ne pensez que de bien pillier
Tost et assez.

RIGOLET.

De m'arrêter je n'aurai garde ;
Courrai tant qu'en serez surpris.
Mais, vous, avant qu'ayez tout pris
N'ayez de cesse.

ROBERT.

Or tost, seigneurs, devant passez :
Nous ne mangerons mais des dens,
Si arons esté la dedans,
Et bas et hault.

ROBERT.

Passez devant ; cette richesse,
Qui s'entasse là, nous l'aurons,
Ou jamais nous ne mangerons
Je vous l'assure.

LAMBIN.

Alons m'en de ce ne me chaut
Je trouvay orains compagnie
Avec qui me desjeunay mie ;
Ne m'en repens.

LAMBIN.

De ce jeûne cours l'aventure.
Je trouvai compagnons tantôt,
Avec qui j'aurais, comme il faut,
Pu tout à mon gré faire fête ;
Ne le regrette.

BRISE-GODET.

Tu le diz, mais certes je pens
Que tu nous gabes.

BRISE-GODET.

Est-ce vrai, comme tu le dis?
J'en doute, et crois que tu te ris
De nous peut-être.

SCÈNE V

A l'Abbaye.

BOUTE-EN-COURROYE.	BOUTE-EN-COURROIE.
Maistre, sachiez, vez-là li abbes, *Bien le congnois.*	Voici le seigneur abbé, maître, Je le connais.
ROBERT.	ROBERT.
C'est bien ; a li parler m'en vois : *Dans abbes, ci-dedanz entrez* *Et vostre trésor me montrez* *Appertement.*	Qui doit lui parler? Moi. J'y vais. (*Parlant à l'abbé.*) Rentrez, abbé, que l'on me montre Vos biens, c'est mon vœu. Qui va Fait follement. [contre
LE MOINE.	LE MOINE.
Vous qui voulez si fièrement *Le trésor de céens véoir,* *Qui estes-vous? Dites me voir,* *Que je le sache.*	Vous qui voulez si fièrement Voir, sans que rien ne vous retarde, Ce que dans ce couvent on garde, Dites-moi — c'est le moins je Vos noms, vos droits. [crois —
ROBERT.	ROBERT.
Avant, avant, l'espée sache *Brise-Godet, et si l'en donnes* *Si grant cop que tu le méstonnes* *Tout mort icy.*	Brise-Godet, tu vas répondre : Donne un coup d'estoc qui l'effon- Qui de pareils mots a le tort [dre. Cherche sa mort.
L'ABBÉ.	L'ABBÉ.
Non, sire, non ; pour Dieu merci! *Coustel n'espée ne sachiez ;* *Bonnement partout ce sachiez,* *Vous menray à mont et à val.*	Pour une parole échappée Grâce. Éloignez-moi cette épée. Dans ce cloître de bout en bout Vous verrez tout.

Mais que vous ne nous faciez mal.
Je vous en pri.

ROBERT.

Or, nous menes donc sanz detri
Véoir vostre trésor, or sus,
Avant que nous vous corons sus.
Je le conseil.

ROBERT.

C'est le trésor seul qui m'importe,
Sans délai que l'on me l'apporte,
Ou je vais, en cas de refus,
Vous courir sus.

L'ABBÉ.

Certes je l'accors et le vueil.
Venez, seigneurs, puis qu'il vous
Vostre voulenté sera faitte. [*haitte*
Or ça, vez-ci nostre trésor.
Vez-ci premièrement draps d'or,
Vez-ci chasubles et tuniques,
Vez-ci d'autres part noz reliques
Qui sont dignes et glorieuses,
D'or et de pierres précieuses
Comme vous véez aournées.
Certes, maintes belles journées
Ceulx qui telles ouvrages font,
Pour les mestre en l'estat qu'ilz sont
Y ont mis; ce sachiez de voir
Et ont gangnié de grant avoir,
Ce n'est pas doubte.

L'ABBÉ.

Puisque votre honneur le souhaite
Sa volonté soit satisfaite.
Le voici donc notre trésor :
Premièrement ce sont draps d'or;
Voici chasubles et tuniques;
D'autre part voici nos reliques,
Dignes qu'on les vienne adorer.
Voyez, nous les fîmes parer,
Comme saintes et glorieuses,
D'or pur et pierres précieuses.
Il a fallu pour y pourvoir
Et grand travail, et grand avoir
Ce n'est pas doute.

ROBERT.

Moine, or entens et si m'escoute :
Dy me voir; qu'a-t-il en ce coffre ?
Tu ne m'en fais né compte n'offre,
Que veult-ce dire ?

ROBERT.

Assez, moine, entends, et m'écoute.
Pourquoi ne me montres-tu pas
Ce coffre, que je vois là-bas?
Tu vas le dire.

L'ABBÉ.

Il sert que nous y mettons, sire,
Les choses estranges, sanz faille,
Qu'a garder souvent on nous baille
De bonne foy.

L'ABBÉ.

Ce coffre renferme, messire,
Ce que — dépôt sacré pour nous,
Et que nous gardons contre tous, —
Ce que du dehors on confie
A notre honneur, à notre vie,
A notre foi.

ROBERT.

Tu le diz, mais sé je ne voy
Tout en l'eure qu'il a dedans,
Je ne seray pas bien contens
De toy sanz faille.

ROBERT.

Est-ce bien vrai? J'en doute, moi.
Moine, allons, c'est trop longtemps [feindre
Obéis, ou tu peux tout craindre
Je t'avertis.

LE MOINE.

D'y véoir, sire, ne vous chaille,
Puis qu'il n'y a du nostre riens;
Car, sachiez, s'il y a nulz biens,
Ils sont estranges.

LE MOINE.

Là, rien, sire, je le redis
N'est à nous, par les saints apôtres,
Tout est à d'autres.

BRISE-GODET.

Vas, si te tais et ne chalanges
De monseigneur la voulenté;
Ou telle chose en vérité
Sur ceste teste sentiras
De quoy jà Dieu ne loeras.
Ne dy mot non.

BRISE-GODET.

N'attends pas qu'il soit irrité.
Va, fais selon sa volonté,
Moine, ou je vois ce qu'il t'apprête,
Crains pour ta tête.

L'ABBÉ.

Mon chier ami, pour le Dieu nom,
Pardonnez li s'il a mespris,

L'ABBÉ.

Il n'est pas de sens bien appris,
Et peut s'être aisément mépris.

Il n'est pas de sens moult apris.
Chier sire, je vous ouverray
Ce coffre et si vous monsterray
Qu'il y a sire.

Au nom de Dieu qu'on lui pardonne
S'il n'est pas prudente personne.
Ce coffre donc, on l'ouvrira,
Et ce qu'il contient on pourra
Le voir, messire.

ROBERT.

Vez-ci un sac scellé de cire,
Qu'est-ce dedans ? sont-ce deniers ?
J'ains miex ci estre qu'ès greniers
Au blé n'à l'aveine d'assez.
Seigneurs vous touz avant passez,
En besongne vous convient mettre
Sanz plus longuement ici estre
Brise-Godet pren les premiers
Ces joiaux, et toy ces deniers
Lambin, et toy Boute-en-Couroye
Levès toute cette monnoye ;
Et toy ces joiaux, Rigolet,
Pren avecques Brise-Godet
Rien n'y laissiez.

ROBERT.

Quel est ce sac scellé de cire,
Qu'y trouve-t-on ? Sont-ce deniers ?
Cloîtres ne sont pas des greniers.
Décidément, beau sire moine,
Ce qu'on y prend vaut mieux qu'a-
Allons, c'est s'arrêter assez, [voine.
Tous, l'un après l'autre, passez.
Que l'on se fâche ou que l'on grogne.
Vite, mettez-vous en besogne :
Brise-Godet, prends les premiers
De ces joyaux, toi les deniers,
Lambin, et toi, Boute-en-Courroie,
Enlève-nous cette monnoie,
Et toi ces bijoux, Rigolet,
Prends ainsi que Brise-Godet.
Que rien ne reste.

LAMBIN.

C'est fait, maistre ; devant issiez,
Nous vous suiverons, pié à pié.
Moines, de vous n'ay point pitié,
Ceci emport.

LAMBIN.

Vous pouvez partir vif et leste,
Nous vous suivrons tous pied à pied.
Moines, de vous je n'ai pitié,
Et tout j'emporte.

SCÈNE VI

Sur la place.

BOUTE-EN-COURROIE.

Alons tout mestre en nostre fort,
Et puis après, je vous menray
En tel lieu que je vous feray
Trois tans gagnier que vous n'avez
Et sé vous miex dire savez
Si le nous dites.

BOUTE-EN-COURROIE.

Chez nous, car la maison est forte,
Allons; après vous mènerai
En bons lieux et où je vous ferai
Trois fois plus riches que vous n'êtes
Jamais n'aurez vu telles fêtes.
Cependant nous irons ailleurs
Si vous savez endroits meilleurs :
Qu'on me le dise.

RIGOLET.

D'ainsi dire moult bien t'aquittes.
Ainsi, tantost, riches serons.
Alons m'en nous ne laisserons,
Qui m'en croira, aval, n'amont
Religion de ci au mont
Saint-Michel que ne visitons
Et que le plus bel n'emportons
De leur trésor.

RIGOLET.

Tu nous conduis à notre guise.
Ainsi donc riches nous serons
Bientôt, et nous ne laisserons,
Jusqu'au mont Saint-Michel, nul [cloître
Pour de ses biens le nôtre accroître.
Nous les allons visiter tous,
Et la plus belle part pour nous
Y sera prise.

BRISE-GODET.

Rigolet, foy que doy Saint-Mor,
A tele emprise, voulentiers,
Sé deux y vont, seray le tiers,
N'en doubtez point.

BRISE-GODET.

Par saint Mor, dans pareille emprise
On m'a vu toujours volontiers,
Et je m'engage des premiers.
Si deux y sont, crois que moi-même
Serai troisième.

ROBERT.

Puisque nous sommes à ce point,
Seigneurs, je ne vous faudray pas.
Je scé bien et ne doubte pas
Que les seigneurs de Normandie
Nous héent à mort, quoy c'on die;
Mais cuer ay ainsi obstiné
Que ne craing homme qui soit né;
Et si vous jur par le Dieu pis
S'ay fait mal, encor feray pis;
Né ne verray dame tant belle
Soit mariée ou soit pucelle
De qui n'aie, vueille ou ne vueille,
Ma voulenté, qui que s'en dueille.
Vez-ci nostre fort, ens entrons
Et y mettons ce qu'apportons
Trestouz ensemble.

ROBERT.

Étant à ce point arrivés,
Comptez sur moi, tous. Vous savez
Que les seigneurs de Normandie
Nous ont en haine, et, quoi qu'on [die,
Me voudraient voir mort et damné,
Mais je suis de cœur obstiné.
Jamais n'ai craint homme qui vive,
Pour en être sûr qu'on me suive.
C'est donc sans peur que je vous dis:
Si j'ai fait mal, je ferai pis.
Je ne verrai dame tant belle,
Soit mariée ou soit pucelle,
De laquelle, bon gré mal gré
Je n'aie ce que je voudrai.
Mort! à qui cette main s'adresse.
Mais voici notre forteresse
Pour mettre ce que nous portons,
Seigneurs, entrons.

LAMBIN.

C'est bien à faire, ce me semble,
Entrez ens, maistre.

LAMBIN.

C'est bien à faire ce me semble,
Aussi nous verrez vous ensemble,
Trainant le butin après nous,
Vous suivre tous.

SCÈNE VII

Chez le Duc.

PREMIER BARON.

Sire duc, pour remède mettre
Es meschiez que fait vostre filz,
Venons à vous soiez ent fiz,
Sire, et à vous nous complaingnons,
Et en complaingnant nous plain-
[gnons
De ses meffaitz qui sont vilains ;
Car il viole les nonnains
Et n'est de mal faire esbahiz,
Ne peut en tout vostre païs
Demeurer en paiz un preudomme,
Qu'il ne desrobe, c'est en somme ;
Et sé le bonhomme dit mot
Avec le sien qu'il pert tantost,
Il est occis.

PREMIER BARON.

Sire Duc, nous crions à l'aide,
Il faudrait apporter remède
Aux torts du comte votre fils,
Nous venons à vous, déconfits,
Priant et suppliant nous plaindre
De ce qu'à tout heure, il faut crain-
De ses méfaits qui sont vilains, [dre,
Car il viole les nonnains.
Au milieu de l'effroi qu'il donne,
Il est seul qui ne s'en étonne.
Dans tout le pays je ne sais
Nul prud'homme qu'il laisse en paix
Et qu'il ne vole et pille. En somme
Pas un n'est au pauvre Bonhomme
Plus rude et plus dur. Se plaint-il?
Tout chez lui devient en péril,
Ses biens, sa vie.

ij^e BARON.

Il dit voir ; j'en scé bien tielx six
Et plus, dont on faisoit grant compte,
Qu'il a destruit et mis à honte.
Je croy n'a tel dessoubz le ciel,
Car, de cy au mont Saint Michiel
Et de Genays jusques à Mante,
N'a religion, à m'entente,
Que de jour en jour ne desrobe.
Ne cuidez pas que je vous lobe ;

DEUXIÈME BARON.

Que de richesse ainsi ravie!
Que de bons prud'hommes occis!
Auprès, j'en connais plus de six,
De ceux, dont on tenoit grand
[compte,
Qu'il a détruits et mis à honte.
Pas un n'est pire sous le ciel,
Car d'ici le mont Saint-Michel,
Depuis Genays jusques à Mante,

Par roberie les destruit,
Pour tant que rien de bon y truist.
Après, qui plus est grans diffames,
Nos niepces, noz filles, noz femmes
Veult avoir et prendre par force,
Et de jour en jour s'en efforce
Et ne pevent a li durer.
Nous ne le pourrions endurer,
Ne souffrir ire.

Il n'est couvent qu'il ne tourmente.
Tous, l'un après l'autre, ont leur
[tour;
Il prend une rançon par jour.
Nous n'avons chez nous fille, nièce,
Femme, que sans affront il laisse.
A ces méfaits il faut parer,
Car ne peuvent plus s'endurer.
Avisez, sire.

LE DUC.

E! sire Diex, que veult-ce dire?
N'ay désiré riens tant qu'avoir
Un filz, or l'ay-je, mais pour voir
Il est tel que grant joie aroie
S'à mes ieulx morir le véoie;
Tant me courrouce et me tourmente.
Dites-moy, seigneurs, vostre entente
Qu'en pourray faire?

LE DUC.

Qu'est-ce, Dieu! que cela veut dire?
Rien n'ai tant désiré qu'avoir
Un fils. L'ai-je? Mon seul espoir,
Mon seul vœu c'est que tout à
[l'heure
Sous vos yeux, à mes pieds il meure,
Tant il me jette incessamment
En grand courroux et grand tour-
Que dois-je faire? [ment.

iij^e BARON.

Mais qu'il ne vous vueille desplaire,
J'en diray ce que j'en feroye;
Chier sire, je le manderoye,
Et quant il sera cy venuz
Si li deffendez bien qu'à nulz
Ne face mal ne villenie;
Et sé de riens vous contralie,
Faites-le sanz arrestoison
Prendre et mettre en une prison;

TROISIÈME BARON.

Je vais tâcher, sans vous déplaire,
De dire ce que je ferois,
Seigneur duc: Je le manderois,
Et, quand il serait en présence,
Je lui ferois ferme défense
De mettre plus aucun à mal,
Voulant qu'en vrai preux et féal
Désormais il vive et se montre
Comme il doit. Veut-il aller contre,

Là, le tenez.

Faites le, sans autre raison,
Mettre en prison.

LE DUC.

Par foy, voulentiers — ça, venez,
Huchon, et vous Pieron Gobaille;
(Aussi n'est-il qu'avec merdaille,
Dont je le tien a fol Trubert),
Alez dire à mon filz Robert
Que ci viengne tost, je li mans;
J'esprouveray s'à mes commans
Obéira.

LE DUC.

Ainsi ferai. Pieron Gobaille,
Huchon, qui n'êtes truandaille,
Comme celle où fol il se perd,
Allez dire à mon fils Robert
Qu'il vienne tôt, que je le mande.
Je verrai, si, quand je commande
Obéira.

HUCHON.

Je croy, sire, que si fera,
Et il y est tenu de droit.
Avant partons, de ci endroit,
Alons le querre.

HUCHON.

Je crois, sire, qu'il le fera,
Quoi que ce soit qui le retienne.
De droit il suffit pour qu'il vienne,
Que le vouliez.

SCÈNE VIII

Chez Robert.

PIERON.

Alons, je conseil que nostre erre
Soit de droit à son fort aler
Là, pourrons miex à li parler
Qu'ailleurs et plus privéément;
S'il n'y est, s'orrons-nous comment
Le trouverons.

PIERON.

Serons, je crois, bien conseillés
Si nous allons, marchant bien vite,
Tout droit vers le fort qui l'abrite.
Mieux qu'ailleurs pourrons lui par-
Et savoir où devrons aller [ler
S'il ne s'y trouve.

HUCHON.

Je tiens que voirement ferons;

HUCHON.

C'est de bon sens, et je t'approuve.

Alons. Hé! là le voy estant;
Pieron avançons nous batant.
Sire, Dieu vous doint bonne vie!
Mais qu'il ne nous desplaise mie,
Voulentiers à vous parlerons
Un petit, et si vous dirons
Que venons querre.

Marchons, mais je le vois là bas,
Me semble. Allons vers lui bon pas.
(*à Robert.*)
Que Dieu vous donne bonne vie,
Sire, et s'il ne vous déplait mie,
A vous un peu nous parlerons,
Volontiers, et nous vous dirons
Qui nous amène.

ROBERT.

Et quoy, seigneurs? Dites : bonne
Je vous oray. [*erre!*

ROBERT.

Bien. Quelle que soit votre an-
J'écouterai. [tienne,

PIERON.

Chier sire, je le vous diray.
Mon seigneur le duc vostre pere
Et madame aussi, vostre mere,
Vous saluent et si vous mande
Le duc et prie mais commande
Qu'en ce cas li obéissiez
Qu'à venir à li ne laissier,
Isnellement.

PIERON.

Cher sire, tout je vous dirai :
Monseigneur le Duc votre père,
Et madame aussi votre mère
Nous font venir vous saluer,
Pour qu'après puissions vous parler.
Sans tarder, sire, l'on vous mande,
Le seigneur Duc prie, et commande
Afin que mieux obéissiez,
Et que tout ici vous laissiez,
Accourant vite.

ROBERT.

Dites-moy sé Dieu vous ament,
Savez-vous point pour quoy me
[*mande?*
Grand'chose pas ne vous demande,
Respondez-moi.

ROBERT.

D'où vient qu'on me mande et m'in-
Ainsi, dis-moi? [vite

HUCHON.

Nous ne savons pas bien pour quoy :
Mais tant vous povons nous bien [dire
Que touz les plus grands barons, sire,
Du païs sont venuz à li ;
Et sachez qu'il n'y a celui
Qui de vous ne se plaingne et dueille,
Et l'on supplié qu'il y vueille
Remede mettre.

HUCHON.

Nous ne savons pas bien pourquoi
Mais pouvons pourtant vous ap- [prendre,
Sire, que nous vîmes se rendre
Vers le Duc les plus hauts barons
Du pays et des environs,
Disant que ce n'est qu'une plainte
Contre vous, que tous sont en crainte
Et deuil, navrés et mécontents,
Et qu'à la fin il serait temps
Remède y mettre.

ROBERT.

Estes-vous volu entremettre
De moy ce message apporter ?
Sa, seigneur, sa ! sans deporter,
Prenez moe ces ij, je le vueil ;
Creuez à chascun le destre œil
Sans demourée.

ROBERT.

Et n'avez craint vous entremettre
Pour ce message m'apporter ?
A moi ! ça, ça, sans hésiter,
Compagnons à tout faites trêve.
Saisissez-les, et qu'on leur crève
Chacun l'œil droit.

LAMBIN.

Maistre par la Vierge honnorée,
Tantost, puis que le commandez
Sera fait ; un po attendez ;
Brise-Godet, vien avant, vien,
De cestui-ci te chevis tien,
De cestui-ci chevira bonne erre,
Avant, biaux amis, siez te à terre
En ceste place.

LAMBIN.

Maître à vos ordres feront droit
Tantôt, un peu daignez attendre.
Brise-Godet, aide à les prendre.
Beaux amis, à terre seyez ;
L'un ni l'autre, pieds et poings liés,
Ne m'embarrasse.

PIERON.

Ha chier sire, par vostre grâce,
Ou point que sommes, nous laissiez;
Pour Dieu mie ne nous faciez
Crevez les ieulx.

PIERON.

Très cher seigneur, par votre grâce,
Daignez avoir pitié de nous.
A nous tenir contentez-vous
Dans l'état fâcheux où nous sommes.
Ne nous laissez point par ces
Crever les yeux. [hommes

ROBERT.

Taisiez-vous; en dormirez mieux,
Quand serez en vos litz couchiez;
Faites tost, si les depeschiez,
Con dit vous ay.

ROBERT.

Tais-toi, vous en dormirez mieux,
Quand vous serez sur votre couche.
J'ai dit; sans que rien ne vous touche
Dépêchez-les.

BRISE-GODET.

En l'eure sanz point de delay,
Puis c'on m'a cestui-ci livré,
Feray qu'il sera délivré
Sans lonc devis.

BRISE-GODET.

Allons, oui, c'est trop de délais.
Tiens Lambin à chacun le nôtre,
Prends celui-ci je prendrai l'autre,
Vite et j'agis.

LAMBIN.

J'ay aussi tost, ce m'est avis,
Fait comme toy.

LAMBIN.

D'accord, c'est aussi mon avis :
La chose est faite.

HUCHON.

Ha las! chestif goute ne voy,
Tant sens d'angoisse.

HUCHON.

Hélas dans la nuit il me jette,
Chétif ne sais plus où je suis,
Où trouverai-je des appuis;
Que j'ai d'angoisse.

PIERON.

Diex! il n'est riens que je congnoisse,

PIERON.

Il n'est plus rien que je connoisse.

Tant ay de rage et de meschief,
Espéciaument en mon chief
Diex ! que feray ?

Pour moi le sang se mêle au pleur,
Je suis toute rage et douleur.
O Dieu que faire?

ROBERT.

Seigneurs, d'aler ent vous donrray
Congié, vuidiez tost, sanz respit,
C'est du duc mon père, en despit,
Et le li dites.

Retournez vers le duc mon père.
Qu'il sache, quand l'aurez trouvé,
Qu'en vous ainsi je l'ai bravé.
Et le lui dites.
(*Il sort avec ses compagnons.*)

HUCHON.

Vraiement, nou en morrons quittes,
Dès si tost qu'a li parlerons.
Sire, de ci nous partirons
De cueur dolens.

Du message nous serons quittes
Aussitôt que lui parlerons.
Tristes partons.

PIERON.

Huchon, d'aler ne soion lens,
Puis que donné nous a congié ;
C'est un dyable tout enragié,
C'est nulle doubte.

Vite ! car au mal qui m'accable
Je sens que cet enragé diable
N'a son pareil.

HUCHON.

Au mains, des corps si chier nous [couste
Que jamais ne l'amenderons.
Par aventure et si ferons
S'il chiet à point.

Je crains que prière ou conseil
Rien ne l'amende.

PIERON.

De ceci ne mentez vous point.
Mais à présent nous fault souffrir ;

Qui sait? de Dieu la grâce est [grande

Devant le duc nous fault offrir. *Et présenter.*	Nous cependant il faut souffrir Et devant le duc nous offrir. C'est grosse peine.
HUCHON.	HUCHON.
C'est voir, pour lui dire et conter *Ce qu'avons en son filz trouvé,* *Et comment s'est vers nous prouvé* *Vilainement.*	C'est de nous qu'il faut qu'il ap- [prenne Ce qu'en son fils avons trouvé Et comme il s'est à nous prouvé D'affreuse sorte.
PIERON.	PIERON.
Il li apperra clerement. *Alons m'en.*	Il ne peut, tant l'épreuve est forte, Douter de nous.

SCÈNE IX

Chez le Duc.

PIERON.	PIERRON.
Mon chier seigneur, vous *Et voz barons que ci voy touz* *Vueille Diex en grace tenir* *Et a telle fin parvenir* *Qu'aiez sa gloire.*	Très cher seigneur duc, et vous tous, Seigneurs barons, que Dieu vous [tienne En sa grâce, et chacun obtienne Sa gloire enfin.
LE DUC.	LE DUC.
Qu'est-ce Pieron, pour saint Ma- *[gloire,* *Ou t'es-tu si du corps grevé ?* *Je voy, tu as .i. œil crevé ;* *Que veult-ce dire ?*	Qu'est-ce Pierron? Tu partis sain, Et vaillant, et de bon visage Quand je te donnai ce message, Et tu reviens un œil crevé. Parle, que t'est-il arrivé? Que veut ce dire?

PIERON.

Ce m'a fait vostre filz, chier sire,
Et a mon compaignon aussi;
Et sachiez qu'il nous dit ainsi,
Qu'en despit de vous le faisoit.
Regardez combien vous prisoit
Né qu'il vous prise.

PIERRON.

C'est votre fils qui, très cher sire,
Me mit, mon compagnon aussi,
Dans le triste état que voici,
Disant, ce qui le crime aggrave,
Que pour bien montrer qu'il vous
De cette sorte il agissait. [brave
Voyez comme il vous méprisait
Et vous méprise.

PREMIER BARON.

Certes puis que tant vous desprise,
Qu'il a fait telle villenie,
A voz gens il ne venra mie;
Sire, si lo que ne tardez
Et par conseil ne regardez
Qu'en pourrez faire.

PREMIER BARON.

Par un tel méfait tout se brise.
Aussi faut-il le regarder
Perdu pour vous et ne tarder,
A voir que faire.

LE DUC.

Conseillez-moy sur cest affaire
Je vous en pri.

LE DUC.

Requiers encore en cette affaire
De vous avis.

ij[e] BARON.

Sire, voulentiers sanz detri.
J'espoir qu'il tent a vous honnir;
Faites-le moy tantost banir
A plain, de toute Normandie
Et qu'à chascune ville on die
Et commande l'en à la gent
Que chascun soit sur li sergent,
Et de l'emprisonner se paine,

DEUXIÈME BARON.

Sire, je vois que votre fils
Voudroit par tant de félonies,
De désordres et vilainies
Vous désespérer, vous honnir.
Sans retard faites le bannir
De toute notre Normandie,
Que dans chaque ville l'on die
Et commande que toutes gens

Et touz ceux qu'avecques li maine
C'est ce qu'en dy.

Lui soient archers, lui soient ser-
[gents
Pour qu'on le prenne et l'empri-
[sonne,
Et, comme lui, quiconque donne
Dans ses méfaits.

TROISIÈME BARON.

A ce conseil ne contredi,
Pour quoy que quant bani sera,
Sire, monstres ne se osera
Entre les gens.

TROISIÈME BARON.

L'avis est bon, car les effets
Du bannissement doivent être,
Qu'il n'osera, dès lors, paraître,
Vos ordres étant obéis,
Dans le pays.

LE DUC.

Huchon, or tost, còn diligens,
Va-t-en ou marchié ne détries,
Et là, pour bani Robert cries
Et tous ceux qui sont de sa sorte
Et que nulz ne les reconforte ;
Mais c'on se paine de les prendre
Et d'emprisonner sanz attendre ;
Et quant ainsi crié l'aras,
De ville en ville t'en iras
Ainsi crier, sanz laissier lieu
Quel qu'il soit jusqu'à Ville-Dieu
De Sanchemel.

LE DUC.

Huchon, va, sans que rien te lasse
Dans les marchés, de place en place,
Disant que Robert est puni,
Que du pays il est banni,
Et tous ceux qui sont de sa sorte;
Que pas un ne les réconforte,
Que chez aucun ni nuit, ni jour
On ne leur donne aide et séjour,
Mais que l'on s'efforce à les prendre,
Pour les enfermer sans attendre.
Et quand auras ainsi crié
Que je ne veux nulle pitié
Envers ceux que mon ordre exile,
Tu t'en iras de ville en ville
Criant aussi, puis en tout lieu,
Jusqu'à Vil-Dieu.

HUCHON.

Sire, je pense bien et bel
Faire vostre commandement,
Et m'en vois délivrer briefvment.

HUCHON.

Sire ce que voulez, j'espère
Au plus vite le pouvoir faire.

SCÈNE X

Sur la place.

HUCHON.

Or, puisque j'ay tant marchié
Que suis de la ville ou marchié,
Je vueil ci faire mon devoir.
Or ! escoutez ! je fas savoir
De par le duc de Normandie,
A touz qui veult que je le die,
Que de sa duchié pour ses vices
Robert le Dyable et ses complices
Banist, et que chascun se paine
De li prendre et les gens qu'il maine,
Et deulx en forte prison mettre,
Se chose avient qu'ilz puissent estre
Pris, soit en champ ou soit en bois.
Puis qu'ay ci fait, ailleurs m'en vois
Mon fait noncier.

HUCHON.

Puisque j'ai pu, — tant j'ai marché —
Gagner la ville et son marché,
N'oublions pas ce que mon maître,
Pour le servir m'a fait promettre.
Acquittons-nous de ce devoir.
Or écoutez : je fais savoir,
De par le duc de Normandie,
A ceux qu'il veut que je le die,
Qu'il a banni de son duché,
Non pour simple faute ou péché,
Mais pour ses crimes et ses vices
Robert le dyable, et ses complices,
Qui tous sont des pires bandits,
Dignes qu'on les traite en maudits.
Il veut que l'on se mette en peine
De le prendre, et les gens qu'il mène,
Pour le réduire à la raison
En quelque solide prison,
Si tant est qu'on l'y puisse mettre :
Car n'est pas facile à soumettre
Dans son fort, et dans ses forêts.
Adieu. Je vais redire auprès
Ce que j'annonce.

SCÈNE XI

Chez Robert.

BOUTE-EN-COURROIE.

Maistre, pensons de nous mucier,
Car pis nous va que ne cuidons.
Il fault que ce païs vuidons
Et qu'aillons faire aillours noz niz,
Car nous en sommes touz baniz
Et vous premier.

BOUTE-EN-COURROIE.

Au métier, il faut qu'on renonce.
Loin du pays portons nos nids,
Car nous en sommes tous bannis.
Vous, maître, en tête.

ROBERT.

Dy-moy je t'en pri et requier,
Est-il certain ?

ROBERT.

Quels sont ces bruits? Voyons, ré-
Sont-ils bien vrais? [pète.

BOUTE-EN-COUROYE.

Oïl, je vous en acertain ;
Je mesmes le ban ay oy
Dont le cuer pas ne m'esjouy
Quant l'ouy faire.

BOUTE-EN-COURROIE.

Hélas ! plus que je ne voudrais.
Le ban, je l'entendis moi-même
Et, malgré moi, je devins blême,
Quand l'entendis.

RIGOLET.

En ce cas, va mal nostre affaire.
Maistre, or gardez où nous irons,
Où sé de cy ne mouverons
Nous en ortez.

RIGOLET.

En ce cas, comme lui je dis :
Nos affaires menacent d'être
Au plus mal. Que ferons-nous, maî-
D'ici, faut-il nous échapper, [tre?
Pour aller autre part camper?
Il nous importe.

ROBERT.

Seigneurs, ne vous desconfortez :
Nous sommes en bonne forest

ROBERT.

Eh ! que rien ne vous déconforte :
Nous sommes en bonne forêt,

Et si avons fort qui bon est,
Et s'avons des vivres assez
Souffrez-vous, ains .ij. mois passez,
Par la foy que je doy saint Père,
N'y ara né le duc mon père,
Né amis charniex né parens
Que ne face des cuers dolens.
Je ne les prise touz un poys;
Tout seul un po dedans ce bois,
Gardez ici, me vois esbatre ;
Ne souffrez céens ame embatre
Fors qu'entre vous.

Notre fort à défendre est prêt,
Des vivres avons, et de reste.
Avant deux mois je vous proteste
Que nos dangers seront moins [grands,
Que mon père, amis et parents,
Desquels, d'ailleurs, je ne tiens [compte
En seront pour leur courte honte,
Le cœur contrit ; d'ici les vois !
Allez, je reste dans ce bois,
Où je veux un instant m'ébattre.
Vous, ne vous laissez pas abattre;
J'ai l'œil à tout.

BRISE-GODET.

Certainement non ferons-nous,
N'en doubtez, maistre.

BRISE-GODET.

A vos ordres serons partout.
N'en doutez, maître.

SCÈNE XII

Sur la place.

ROBERT.

Ha! teste-Dieu! comment peut-ce [estre
Que mon père, par son oultrage,
Me banist de son héritage?
Pour mien le tien-je, au parvenir;
Mal lui en pourra bien venir;
Par ma teste, à honte et mechief
Cuide-il de moy venir a chief?
Pour ainsi faire, en vérité,

ROBERT.

Commet tout cela peut-il être?
Tête-Dieu ! mon père outragé
Veut, pour se croire assez vengé,
M'enlevant droit à tout partage,
Me bannir de mon héritage!
Il lui pourra mal advenir.
Son Duché, que je dois tenir,
Comme mien je le considère,
Dès lors. Que pense donc mon père?

Il scet po qu'elle voulenté
J'ay, car ce n'est mie m'entente
Q'a nesun bien faire je tente.
Mais sé des maux et des despiz
Ay fait, encore feray pis,
Des ores mais toute ma vie ;
Ne je ne quier né n'ay envie
De riens qui tant me puisse plaire
Con j'ay de trouver de mal faire
Aucune cause ou achoison :
Egar, luec! voy une maison
Je ne scé sé nulle ame y a
Mais je le saray qui est là ;
Egar! vous estes, ce me semble
Grant tas, qui vous a mis ensemble,
Cy en ce lieu?

Prétend-il, lorsqu'il m'ôte tout,
Me réduire, me mettre à bout?
Sait-il pas qu'en ce que je tente
Bien faire et moi n'ont nulle entente.
Ce qu'en moi j'ai de volonté,
Pour si peu n'est pas arrêté.
Dieu me garde, pour son envie,
De démentir toute ma vie :
Si j'ai fait mal, je le redis
Je prétends faire encore pis,
Sans me laisser par rien distraire.
A cela seul me veux complaire.
Tout, quelle que soit la raison,
M'en doit être une occasion.
Mais auprès j'aperçois un gîte,
Regardons si quelqu'un l'habite.
Est-il âme qui vive ici?
Je le saurai bien. — Vous voici
En grand nombre, à ce qu'il me [semble,
Pourquoi vous trouvez-vous ensem- [ble
En pareil lieu?

PREMIER HERMITTE.

Sire, nous y sommes, por Dieu
Prier, et servir jour et nuit :
Et sommes, voir, ne nous annuit,
Povres hermites.

PREMIER ERMITE.

Pour, nuit et jour, y servir Dieu,
Prier, et du mal être quittes,
Pauvres ermites.

ROBERT.

Je n'y acoute pas .ij. milles.
Jamais cy plus ne demourrez,
Mais en l'eure, tres touz mourrez.

ROBERT.

Je n'en crois rien. Plus n'y serez
Davantage. Tous vous mourrez.
Tiens prends! Toi dis si mon épée

Tien, tu aras ceste colée
Et toy, di, taille bien m'espée ?
Es-tu de m'eschaper en grès ?
Tien cela, passe, va après.
Et toy, tien, pren celle or ; ge muse
Avecques vous me jeue et ruse.
Ne hé rien tant en tout le monde,
Comme tiex gens, Diex vous con-
[fonde!
C'est fait, de vous tous suis delivres
Jamais ne vous fauldra plus livres ;
Prenons que fussiez clers ou laiz,
Puis qu'estes mors ici vous lais.
Et pour moy deduire et esbatre
M'en vois par si endroit embatre
En autre part.

Est d'unè pointe bien trempée.
Quant à toi qui fuis, à nous deux!
Après ce coup, pars si tu peux.
A tous le sien. Soit jeu, sois ruse,
De ces gens ainsi je m'amuse ;
Dieu les confonde ! En tout pays
Je n'en sais de moi plus haïs.
Clercs ou lais, de vous me délivre.
Vous n'aurez plus besoin de livre,
Morts vous laisse. A d'autres ébats
Ailleurs m'en vas.

UN VALLET, *passant.*

Sire, Diex qui les biens départ,
Vous doint bon jour.

UN VALET (*passant*).

Sire, Dieu, qui les biens envoie,
Vous tienne en joie.

ROBERT.

Dieu gart amis, dy, sanz sejour,
Où va ce chemin que tu tiens ?
C'est, je demande, dont tu viens
Par cy, endroit ?

ROBERT.

Dieu te garde! dis-moi d'où tu viens?
Quel est le chemin que tu tiens?
Est-il bon? Va-t-il à la plaine?
Bref, sans qu'il donne trop de peine
Où mène-t-il?

LE VALLET.

Je viens du chastiau d'Arques droit,
Sire, où diner doit la duchesse ;
Pour elle y a de gents grant presse
Je vous promet.

LE VALET

Au château d'Arques en droit fil,
Sire, où doit dîner la duchesse.
Pour elle, les gens sont en presse
Que c'est plaisir.

ROBERT.

Et scés tu sé le duc y est ?
Di, chier compains

ROBERT.

Le duc y dut aussi venir ?
Dis s'il s'y trouve.

LE VALLET.

Il n'y est pas, j'en sui certains.
Il s'en alez en rivière ;
Mais il y revenra arriere
Jà sur le tart.

LE VALET.

Non, j'en suis sûr, et je le prouve :
En rivière il s'en est allé.
Pour son retour on a parlé
De la nuit brune.

ROBERT.

Bien. Adieu, amis, qui te gart !
Et je la voie ne fineray
Tant qu'a ma mère parleray
Comment qu'il voise.

ROBERT.

Bien, va. D'une idée importune
Là bas je me délivrerai.
A ma mère je parlerai,
Quoi qu'il advienne.

SCÈNE XIII

Au château d'Arques.

PREMIER ESCUIER A LA DUCHESSE.

Richart, nous arons par temps noise
Je voy venir vestu de fer
Robert, c'est un dyable d'enfer
Non pas .i. homme.

PREMIER ÉCUYER.

Vois, Richard, qu'en paix Dieu nous tienne !
Voici venir vêtu de fer
Robert. C'est un diable d'enfer,
Non pas un homme.

DEUXIÈME ESCUIER.

Maugré par Saint-Pierre de Romme,
Puis qu'à ci venir le voy tendre,
Je m'en vois, sanz le plus attendre,
Hors de ses mains.

DEUXIÈME ÉCUYER.

Maugré, par saint Pierre de Rome,
Tout autant que toi je le crains.
Aussi faisons, pour fuir ses mains,
Une échappée.

PREMIER ESCUIER.

Et je aussi m'en feray pas mains ;
Jouer li vueil d'une retraicte,
Il vient l'espée nue traicte
Pour bien n'est pas.

PREMIER ÉCUYER.

Vois-tu comme il tient son épée
Nue et droite ! cela n'est pas
Pour bien faire. Doublons le pas,
Faisons retraite.

LA DAMOISELLE.

Or tost, chiere dame, bon pas
En vostre chambre vous boutez,
Ou finée estes, n'en doubtez,
Vez la vostre fils qui ci vient :
L'espée nue en son poing tient ;
Regardez que chascun li fuit !
De ça en un autre refuit
Me vois bouter.

LA DAMOISELLE (*à la duchesse*).

Or, voici, dame, un trouble-fête !
Fuyez, ou c'en est fait de vous,
Craignez ce que nous craignons [tous :
Votre fils. Pour sa bienvenue,
Il a son épée au poing, nue
Et droite. Chacun tremble et fuit.
Moi-même dans quelque réduit
Je me retire.

ROBERT.

Certes or voy-je sanz doubter
Que le monde me het à mort.
Et si fait Diex, il n'a pas tort.
Chascun me fuit, chascun m'es- [longne,
Honte avoir doy bien et vergongne
Des grands mes faiz et des meschiez
Que je sui de faire entechiez.
Nis ma mère me fuit, de quoy
J'ay dueil ; dame parlez à moy
Et gardez que plus ne fuiez.
Je vous demant que me diez
Sé savez dont ce peut venir
Que je ne me puis abstenir
De mauvaistié, tant m'en sens plain,

ROBERT.

Allons ! Je n'y puis contredire :
Tout le monde me hait à mort.
Par le Dieu juste, ils n'ont pas tort.
Je ne vois qu'horreur, fuite prompte
Devant moi ; j'en suis pris de honte,
Pour les crimes et les méfaits
Où se passent tous mes jours. Mais,
Dans ces frayeurs et dans ce trouble,
Ce qui ma honte encor redouble,
Et m'est au cœur un plus grand [deuil :
Ma mère me fait même accueil.
Dame, arrêtez, ma peine est grande,
Oyez ce que je vous demande.
Apprenez-moi d'où peut venir

Je croy que aucun pechié vilain
En mon père ou en vous éutes
A l'eure que me concéutes;
Dont ce me vient.

LA DUCHESSE.

Filz, puisque dire lesconvient
Sachiez de moy vient li pechiez
Pour Dieu la teste me trenchiez
Isnel le pas.

ROBERT.

Mère, ce ne feray-je pas.
Mauvais sui trop, mais je seroye
Pirès encore sé vous féroye;
Mais dites moy pour quel pechié
Je sui de mal si entechié
Je vous empri.

LA DUCHESSE.

Beau filz, voulentiers, sans détri.
Quant espousé m'ot vostre père
Je fu lonc temps sanz estre mère
Et sanz enfant nul concepvoir
Dont souvent me courrouçay, voir.
Et tant qu'une foiz en mon lit,
Ou me gisoie par delit
Pour ce que seule vi estre,
Par ire dis : Puisque Dieu mettre
Ne veult enfant dedans mon corps

Que je ne me puis abstenir
Du mal? Nul répit ne m'accorde,
Il semble que de moi déborde.
Dites ne m'a-t-on pas caché
Que tous deux étiez en péché
Quand me conçûtes.

LA DUCHESSE.

Seule étois, quand conçu vous fûtes,
En état de péché mortel.
Tuez-moi ; pour un crime tel,
Dont votre âme damnée hérite,
Je le mérite.

ROBERT.

Je suis méchant, je suis mauvais
Je le sais trop, mais si j'osais,
Ce qu'ici vous venez de dire,
Combien, mère, je serais pire.
Apprenez-moi par quel péché
Fus entaché.

LA DUCHESSE.

Quand j'eus épousé votre père
Je fus longtemps sans être mère,
Ce dont bien fort me courrouçai.
En solitude me laissai.
Un jour qu'au lit j'étais couchée,
Toujours de ce chagrin touchée :
« Puisque Dieu, dis-je en désespoir,
Ne peut me faire concevoir,
Que le diable alors intervienne,
Et fasse que par lui j'obtienne

Si li mette le dyable lors.
A cette heure et à cette foiz
Revint vostre père du bois,
Qui me trouva toute esplourée.
Et li preudoms sanz demourée
Pour moy courroucée apaisier
Me prist doulcement à baisier.
Et la fustes-vous engendré.
De voir dire ne me tendré.
Toutesvoies comme homme sage
Pria Dieu de dévost courage
Que s'il avenoit qu'il éust
Engendré fruit qui li pleust,
Que tel le féist, ains sa fin,
Qu'amer péust Dieu de cuer fin;
Et li servir si bonnement
Qu'en gloire perdurablement
Regnast; ce fut doulce parole :
Mais je, comme desvée et fole
Dis : « Mais qu'au dyable puist-il [estre,
« Quand Dieu ne sen veult entre- [mettre
« Que de vous puisse enfant avoir
« A li le doing. » De ce la voir,
Estes, selon m'entencion,
De si male condicion
Comme vous estes.

Ce que de Dieu je ne reçois. »
Votre père revint du bois;
Me voyant de pleurs affolée,
Pour que je fusse consolée
Il me baisa. Tout vous dirai :
Beau fils vous fûtes engendré
Lorsqu'étant encore courroucée,
Toute à ma mauvaise pensée,
J'avais au cœur le même vœu.
Votre père, lui, priait Dieu,
Car il n'est pas homme plus sage,
Lui disant de dévôt courage,
Qu'enfin s'il advenait qu'il eut
Un enfant de moi, qui lui plut,
Et qu'il voulut bien faire vivre,
Pour qu'en son règne il put le suivre,
Il le priait de le former
D'un cœur tel que Dieu sut aimer.
C'était dire douce parole.
Moi, toujours endêvée et folle,
Perdue en mon désir mauvais,
Cependant je lui répondais :
« Eh! qu'au diable puisse-t-il être
Si Dieu ne s'y veut entremettre,
C'est là que j'ai mis mon espoir:
Si de vous enfant puis avoir,
A lui le donne. » Que vous dire
Après? Cela doit vous suffire :
Au diable étant ainsi donné,
Voilà comment vous êtes né
Tel que vous êtes.

ROBERT.

Ha, Sire Dieu ! grace me faictes,
Sé je ne met remede en moy,
En grant aventure me voy
D'estre dampné sanz finement.
L'anemi ne tent nullement
Qu'a ce que m'ame puist avoir;
Mais sé puis il y fauldra voir ;
Car je ne dormiray bon somme
Jamais tant que seray à Rôme
Et qu'au pape seray confés
De touz mes pechiez et meffaiz.
Repentence le cuer me serre
De ce qu'ay touzjours éu guerre
Aux sains preudommes, or men [poise.
Si vous pri, dame, ains que m'en [voise
Que vous me saluez mon pere.
C'est droiz que mes mesfaitz com- [père,
S'il m'a forbani, ne m'en chaut,
J'ay plus chier souffrir froit et chaut
Et mésaise assez pour acquere
Paradis, que je n'ay sa terre.
Adieu ma mère.

ROBERT.

Ah ! par grâce, sire Dieu, faites,—
Rien de plus ne veux demander;—
Qu'enfin je me puisse amender,
Car je le vois ma perte est sûre.
D'être damné cours l'aventure.
Le diable, l'Ennemi m'attend
Ainsi qu'une proie. Il ne tend
Qu'à saisir et garder mon âme,
Mais il n'est point par Notre-Dame,
Encore l'heure de l'avoir,
Et si je puis, il faudra voir !
Je n'aurai ni repos, ni somme,
Que ne sois allé jusqu'à Rome,
Et là ne me sois confessé
De tout crime ou péché passé.
Le repentir au cœur me serre
De ce que toujours fis la guerre
Aux saints prudhommes. J'en pâtis.
Je m'en vais, dame, adieu vous dis,
Et pour moi saluez mon père.
A tout expier ne diffère.
Que m'importe qu'il m'ait banni !
J'ai plus à cœur d'être puni,
Souffrant tout : le chaud, la froidure,
La gêne, et couchant sur la dure,
Pour, s'il se peut, ma part gagner
De Paradis, que de régner
Et prétendre droit sur sa terre.
Adieu ma mère.

(*Il sort.*)

LA DUCHESSE.

Ha biau filz ! en douleur amere
Des ores mais pour toy seray
Lasse ! dolente que feray
Je pers mon filz, je pers ma joie
Ne cuit que jamais plus le voie
Bien fui despite et orgueilleuse,
Bien fui mauvaise et oultrageuse
Quant à lennemi don en fis.
Ha ! mes amours et mon chier filz !
Sé pour ce n'avez de moy cure
Vous avez raison et droiture
Si Dieu m'avient.

LA DUCHESSE.

Ah ! mon enfant, vivre je vais
En peine amère désormais.
Je perds mon fils, je perds ma joie,
Et crains que jamais plus le voie.
J'ai mérité cet abandon.
Quand à l'Ennemi j'en fis don.
Que j'eus d'orgueil ! Jamais pensée
Plus impie et plus insensée
A Dieu ne porta tels défis.
Ha ! mes amours et mon cher fils,
C'est raison que mon cœur pâtisse
De votre départ, c'est justice !
Me repentir en priant Dieu
Voilà mon vœu.

LE DUC.

Or ça, Dame, je vien comment ;
Vous va ? Quest ce là, vous pleurez
Ne scé sé dire me voulrez,
Que vous avez ?

LE DUC.

Je reviens, dame, à la bonne heure.
Est-ce vous que je vois qui pleure
Pourquoi cela ?

LA DUCHESSE.

Ha ! chier sire, vous ne savez :
Nostre filz à Romme s'en va
Et dit jamais ne finera,
Tant qu'au pape sera confés
De touz les pechiez qu'il à faiz ;
Et à brief, parole solue,
M'a trop prié que vous salue
De par li, sire.

LA DUCHESSE.

Notre fils à Rome s'en va.
Son voyage n'aura de cesse
Que si le pape le confesse,
Et l'absout, dévot et soumis,
Des péchés et méfaits commis.
Il part l'âme ainsi résolue,
Me priant que je vous salue,
Sire, pour lui.

LE DUC.

Dame, me savez-vous à dire
S'il se repent des mauvaistiez,
Q'à faiz, et des ennemistiez
Qu'il a acquis.

LE DUC.

Mais se repent-il aujourd'hui
De ce qu'il a fait, et des haines
Qu'il s'est acquises trop certaines?
Répondez-moi.

LA DUCHESSE.

Chier, sire, à ce qu'en ay enquis
Ne doubtez que tant sen repent;
Qu'ades la lerme à lueil li pent,
Quant on l'en parle.

LA DUCHESSE.

Monseigneur, je jure ma foi
Qu'à bien faire à présent il pense,
Qu'il est tout à la repentance
De ce qu'il commit d'odieux.
Il a des larmes dans les yeux
Quand il en parle.

LE DUC.

Voir, s'il aloit de ci en Arle,
A coudes nuz et à genoux
N'aroit-il pas amendé touz
Ses meffaiz, non pas la moitié.
Non pour quant, Dieu par sa pitié
Lui vueille estre doulx et courtoys,
Car certes je doubt bien qu'ainçois
Que véoir puist le pape en face,
S'il va là tuer ne se face,
Ou avoir pis.

LE DUC.

Alla-t-il jusqu'au delà d'Arle,
Les coudes nus, sur les genoux,
Il n'aurait pas amendé tous
Ses péchés, ni la moitié même,
Tant sa fureur y fut extrême.
Que Dieu lui veuille être pourtant,
Par pitié, doux bon et clément.
Pourra-t-il voir le Pape en face?
J'en doute, et crains qu'il ne se
Tuer là bas. [fasse

SCÈNE XIV

Chez Robert.

ROBERT.

E! Sire Diex, qui ne despis

ROBERT.

O toi qui ne repousses pas,

Quelque pecheur, né ne veulz perdre
Pour tant qu'a toy se vueuille
[aherdre,
Je te mercy de la bonté
Que m'as fait qui la voulenté
As estainte en moy de mal faire.
Certes bien yroit mon affaire
Sé mes subjez povoie attraire
A bien, et de leurs maux retraire;
Non pour quant leur en parleray
Si tost comme en mon fort venray.
Diex vous gart touz.

Dieu, le pécheur pour peu qu'il
[veuille
Te revenir ; ta main m'accueille,
Te dis merci de ta bonté,
Et de m'avoir fait volonté
De maîtriser en moi, d'éteindre
La fureur qui me faisait craindre.
J'aurais droit à d'autres pardons,
Si j'attirais mes compagnons
Vers le bien, où me veux complaire,
Et pouvais du mal les retraire.
Voici mon fort, ils y sont tous.
Dieu soit pour vous!

LAMBIN.

Nostre maistre, ben vegniez vous!
Je croy qu'estes à desjuner,
Et nous venons aussi dîner.
Venez séoir.

LAMBIN.

Vous venez à point, notre maître,
De ce dîner voulez-vous être?
Là seyez-vous.

ROBERT.

Biaux seigneurs, voulez oïr voir
De mal faire me vueil cesser;
Et pour mes pechiez confesser
M'en vueil aler au pape à Romme.
Se vous pri à touz que preudomme
Des oresmais chascun deviengne
Et que de mal faire s'abstiengne.
Repentez-vous chascun dès cy;
Et requerez à Dieu mercy
Je le vous lo.

ROBERT.

Beaux seigneurs, sachez entre nous
Que j'en finis avec ma vie
Passée, au bien va mon envie.
De mal faire je veux cesser,
Et, pour mes péchés confesser,
M'en aller jusqu'au Pape à Rome.
Que chacun de vous soit prud'-
[homme,
Je vous en prie, et désormais
Se repente comme je fais.
Je ne saurais — qu'au bien il
[vienne —
Le louer trop.

BOUTE-EN-COUROYE.

Avez oy ? seigneurs, haro !
Renart je croy devient hermittes
Maistre, sachiez que quanque dites
Rien ne feray.

BOUTE-EN-COURROIE.

Entendez-vous, seigneurs, haro !
Renards, dit-on, se font hermites.
Maître de ce que vous nous dites,
Rien ne ferai.

BRISE-GODET.

Boute en Courroie, je seray
De ton accort ; sé m'aïst Diex ;
M'entente est d'embler plus et miex
Que onques ne fis.

BRISE-GODET.

Compte pour vrai que je serai
De ton accord et ton entente,
Le vol de plus en plus me tente.
J'y veux faire, je le promets,
Mieux que jamais.

RIGOLET.

Si feray je, soiez ent fis,
Pour chose qui puist avenir
Ne m'en pense point abstenir
Jusqu'à la mort.

RIGOLET.

Moi de même, quoi qu'il advienne
Ne croyez que je m'en abstienne,
Jusqu'à la mort.

ROBERT.

Puis que vous estes touz d'accort
D'ainsi en mal perseverer,
Diex ne vous laira point durer.
Car je, pour li, sans plus attendre
Vueil de vous touz venjance prendre.
Toy premier dras ce lopin,
Passe ! et toy gis-te-là, Lambin ;
Entre vous autres passerez
Par mes mains, voir m'eschapperez ;
Ici mourrez tout maintenant,
Estre vous feray coy tenant.
C'est fait ! Or dormez là vos sommes

ROBERT.

Ainsi vous êtes tous d'accord,
Chacun dans le mal persévère,
Mais Dieu va vous être sévère.
Ce mal, où vous voulez durer,
Sur vous il veut le réparer,
Et c'est moi, qui sans plus attendre,
Vais, pour lui, sa vengeance prendre,
Toi, pare moi ce coup d'estoc,
Lambin ; toi résiste à ce choc,
Boute-en-Courroie ; à toi cet autre ;
Rigolet. Tous aurez le vôtre.
Par mes mains vous pairez vos torts

Des ormais serez preudes hommes,
Il n'y ara point de deffault.
Le feu céens bouter me fault
En l'eure, et la maison ardoir,
Voire mais je regars l'avoir
Qui y est grant, gasté sera,
Si qu'a nul jà bien ne fera.
Ho! je feray miex, sé je puis,
A la clef vueil fermer cest huis.
Or ça cy ne demourray mie,
Je m'en vois à celle abbaie
A l'abbé dire mon conseil,
Et de l'avoir comment je vueil
Qu'il en soit fait.

Sans merci. Les voilà tous morts.
C'en est fait. Dormez là vos sommes,
Désormais vous serez prudhommes,
Ce repaire est maudit de Dieu,
Sur l'heure mettons y le feu ;
Mais dedans, lors que j'y regarde,
Je songe qu'il s'y trouve en garde
Et grosse richesse, et grand bien,
Qui seraient ainsi mis à rien.
L'or ou l'argent qui là foisonne
Ne serait profit pour personne.
Je ferai donc mieux si je puis.
A la clé fermons bien cet huis
Et courons jusqu'au monastère
Dire à l'abbé ce qu'il faut faire
De cet avoir.

SCÈNE XV

A l'Abbaye.

LE MOINE.

Celui qui tant nous a meffait,
Dams abbes, voy la qui ci vient.
Mucier ou que soit nous convient,
Qu'il ne nous treuve.

LE MOINE.

Damp abbé, là bas je crois voir
Celui qui nous mit en grand' peine
Et grand pillage ; avant qu'il vienne,
Là, cachons-nous.

L'ABBÉ.

Voulenté n'ay point que me meuve
Quant à ore, de ceste place ;
Je ne croy pas que mal me face
Quant à present.

L'ABBÉ.

Faites comme il vous plaira, vous ;
Moi je demeure à cette place.
Je ne crois pas que mal me fasse
A cette fois.

ROBERT.

Dams abbes, à vous me présent,
Comme pecheur qui grace quiert
Et qui pardon avoir requiert,
De ce que tant vous ay grevez.
Sire, à mercy me recevez,
Que, sachiez, j'ay grant repentance
Des maux que j'ay faiz des m'en-
[fance;
Et vous dy, j'ay en tel despit
Et hez tant mal, que sanz respit
Donner, j'ay mis a mort par foy
Tous les larrons d'avecques moy,
Pour ce que d'accort touz estoient
Que jà d'ambler ne se tenroient.
Au duc mon pere porterez
Ceste clef, et li requerrez
Qu'aler vous .ii. en mon manoir,
Là trouverez moult grant avoir
Qu'a vous et autres ay tolu,
Le quel je vueil qui soit rendu
A touz ceulx qui dire saront
Combien et quoy perdu aront.
De ce charge vous .ii. en somme,
Car des cy je m'en voys à Romme
Pour avoir, c'est m'entencion,
Du pape l'absolucion.
Adieu dams abbes.

L'ABBÉ.

Robert, ne scé sé tu me gabbes,
Ou sé le diz par moquerie,

ROBERT.

Ne redoutez pas que je sois,
Damp abbé, ce qu'on me vit être.
Non, ma vie a changé de maître:
Et de ce que j'ai fait icy
Je vous requiers grâce et mercy.
Sire, j'ai telle repentance
Des maux commis dès mon enfance,
Que j'ai, pour faire acte de foi,
Tué des gens naguère à moi,
Larrons, qui, d'accord dans leur
[rage,
Voulaient s'obstiner au pillage.
Au duc mon père porterez
Cette clef, sire, et lui direz
Qu'avec instance je le prie
D'aller en votre compagnie
Jusqu'où se trouve mon manoir.
Là, s'entasse fort grand avoir,
Car en amas y furent mises
Choses à vous et d'autres prises.
A qui dira ce qu'il perdit
Mon vœu serait qu'on le rendit.
A vous deux, sans autre personne,
Damp abbé, cette charge donne.
Moi, n'ai plus qu'une intention:
Pour avoir absolution
Je vais à Rome.

L'ABBÉ.

Veux-tu que railleur on te nomme
Robert? Reviens-tu pas chez nous

Mais pour Dieu ne nous destruiz
Plus que fait as. [*mie*

Achever de nous voler tous
Et nous détruire?

ROBERT.

Sire, je ne vous moque pas ;
Alez, quant en mon fort venrez
Voz joiaux touz y trouverez,
Reprenez les, point n'attendez,
Et pour Dieu les autres rendez
Con dit vous ay.

ROBERT.

Sans moquer je viens de vous dire
Vérité. Quand au fort viendrez,
Tous vos joyaux y trouverez,
Que sur l'heure pourrez reprendre,
Sauf ce qu'aux autres devrez rendre,
Comme je dis.

L'ABBÉ.

Or nen soiez plus en esmay,
Mais tenez pour certain de fait
Qu'en la guise vous sera fait
Que le me dites.

L'ABBÉ.

Désormais plus n'y contredis.
Votre volonté sera faite,
En la façon qu'elle souhaite;
Soyez content.

ROBERT.

Certes tant qu'absolz soie et quittes
De mes mesfaiz ne seray aise.
A Dieu! je vous pri qu'il vous
Prier pour moy. [*plaise*

ROBERT.

Plus ne puis l'être qu'au moment,
Où serai du poids qui me pèse
Délivré. Je pars. Qu'il vous plaise
Prier pour moi.

L'ABBÉ.

Or ça, damp Hugues, moy et toy
Nous esconvient en l'eure aler
Jusques au duc pour li parler
De ceste chose.

L'ABBÉ.

Hugues, allons, dispose-toi,
— Car rien dans ceci n'est un leurre,
Je le vois — à venir sur l'heure.
Jusques au duc il faut aller.
Je veux au plus tôt lui parler
De cette affaire.

LE MOINE.

Alons sire, pour voir dire ose,
Diex en cest homme a fait miracle
Car de venin a fait triacle,
Et de mal bien.

LE MOINE.

Un miracle Dieu voulut faire,
Car sa main est dans tout ceci.
Il prit le pécheur endurci,
Et, sa grâce venant en aide,
Du poison tira le remède.
Du mal le bien.

L'ABBÉ.

Certes, biau frère, ainsi le tien.
Quant d'un lion fier et escoux
A fait un aignelet si doulx
Et si humble, loez soit Diex !
Le duc voy là, pour nostre miex.
Alons à li sanz plus attendre.

L'ABBÉ.

Frère, mon avis est le tien :
D'un fier lion qui se courrouce
Faire un agneau d'humeur si douce
Ne peut être, c'est mon aveu,
Certainement qu'œuvre de Dieu.

SCÈNE XVI

Chez le duc.

L'ABBÉ.

Sire duc, Diex de mal deffendre
Vous vueille et tenir en léesce,
Et vous, madame la duchesse,
Tiengne en santé.

L'ABBÉ.

Sire duc, soyez en liesse,
Et vous, madame la duchesse,
Bien en santé.

LA DUCHESSE.

Sire, sa sainte voulenté
Soit faitte en nous.

LA DUCHESSE.

Sire, la sainte volonté
En vous soit-elle.

LE DUC.

Dams abbes, ça bien veigniez vous,
Quelles nouvelles ?

LE DUC.

Ça, Damp abbé, quelle nouvelle
Apportez-vous?

L'ABBÉ.

Mon chier seigneur, bonnes et belles.
Vostre filz, dont avoir grant joie
Devez, ceste clef vous envoie,
Et à vous moult se recommande;
Et si vous supplie et demande
Mercy, de ce il n'a pas tort;
Et qu'alons nous .ii. en son fort ?
Car nous y trouverons, pour voir,
Si comme il dit moult grant avoir
Qu'il a aux eglises osté
Et aux gens laiz; dautre costé,
Si nous charge que despendu
Soit, convient qu'aux gens soit rendu
Et qu'ilz soient restitué.
Il a tous les larrons tué
Qu'il avoit en sa compagnie,
Pour ce que de leur roberie
Il ne se sont voluz retraire,
Ny a eulz repentir atraire.
Au pape, a Rôme, droit s'en va
Le chemin, qu'ains mais n'esprouva.
Si que, sire, vous me direz
S'il vous plaist, que vous en ferez;
Car je tien qu'encore sera
Preudomme et moult de bien fera;
Ainsi l'espoir.

L'ABBÉ.

Seigneur, bonne et belle pour tous.
Votre fils, dont vous aurez grand' [joie, —
Dieu l'éclaire enfin — vous envoie
Par moi cette clé que voici.
Pour obtenir grâce et merci,
A vous beaucoup se recommande;
A mains jointes, il le demande
Ce dont, messire, il n'a pas tort.
Il veut que nous allions au fort,
Où se trouvent toutes ses prises
Sur les couvents et les églises;
Et que par nous leur soit rendu
Tout ce bien qu'ils croyaient perdu.
Il a — tant son passé renie —
Tué gens de sa compagnie
Qui ne voulaient se départir
De voler, ni s'en repentir.
Pour son salut rien ne redoute.
A Rome, sans savoir la route,
Il s'en va. Que décidez-vous
De ce qu'il désire de nous?
Je crois qu'il peut encor bien faire,
Et, lui, l'espère.

LA DUCHESSE.

Dieu li en doint force et povoir!
Par foy, j'ai de li grant pitié

LA DUCHESSE.

Pour ce qu'il veut, qu'il ait pouvoir
Et force! Vous l'avez dû voir

Et, pour Dieu, s'en va il a pié
Ou à cheval?

Quand il commença ce voyage.
Avait-il valets, équipage,
Chevaux, ou — ce serait pitié —
Va-t-il à pié.

L'ABBÉ.

A pied sé Dieu me gart de mal,
S'en va, pour plus sentir grevance.
Et vous dy, si grant repentance
Ot, quant de moy dubt departir,
Que je cuiday le cuer partir
Ly déust en deux, vraiement;
Tant plouroit des yex fondanment
Ses meffaiz, dame.

L'ABBÉ.

Oui, dame; il veut plus de souffrance
Pour prouver plus de repentance.
Son cœur semblait se fendre en deux,
Quand il partit larmes aux yeux,
Comme rivière.

LE DUC.

Ore Diex en corps et en ame
Le vueille sauver! Nous irons
Au fort, dans abbes, et ferons
Les biens lever sanz détrier,
Et puis ferons par tout crier
S'il est nul qui de li se plaingne,
Qu'ait éu du sien, à nous viengne,
Et nous li restituerons
Si tost qu'enfourmé en serons.
Dites me voir se oncques damage
Vous fist aussi, en vostre aage;
N'en mentez mie.

LE DUC.

A ma rigueur je dis : arrière!
Que Dieu le sauve! Nous irons,
Abbé, dans son fort et ferons
Lever les biens, comme il souhaite.
Proclamation sera faite,
Pour rendre chaque chose à qui
Pourra prouver qu'elle est à lui.
Pour vous même, dites, car certes
Vous subîtes dommage et pertes,
La vérité.

L'ABBÉ.

Damage, sire? L'abbaïe
Certes a mis à povreté
Par les biens qu'il en a osté

L'ABBÉ.

Il nous a mis en pauvreté,
Il est trop vrai, par son pillage,
Nos joyaux pris nous font dommage;

Et les joyaux qu'a pris à tort,
Qui sont, ce dit, encore ou fort,
Et qui me dit que les préisse
Si tost comme je les véisse
N'en doubtez point.

Mais il a dit qu'en son manoir
Les prissions, quand les pourrons
N'en ayez doute. [voir

LE DUC.

Dans abbes tout venra a point ;
Le vostre tout r'arez, c'est droiz ;
Sanz plus ci estre entre nous trois,
Alons au fort.

LE DUC.

Tout vient à point. Vous prendrez
[toute,
Quand nous serons en cet endroit,
Votre richesse, c'est de droit.
Faut nous y rendre.

L'ABBÉ.

Chier sire, alons, j'en suis daccort
Puis qu'il vous haitte.

L'ABBÉ.

Puisqu'il vous plaît, sans plus at-
Avec vous vais. [tendre,

DEUXIÈME PARTIE

SCÈNE I

Chez le Pape.

ROBERT.

E! vierge par qui paiz fu faitte
Entre homme et Dieu, quand il [advint
Que Diex en vous homme devint.
Ha! dame plaine d'amistié
Aiez de moy pecheur pitié,
Qui onques ne fis fors que maux
Mais tresdoulce vierge loyaux
J'ay desir et affeccion
De faire ent satisfacion
Et pénitence qui le vaille,
Afin que m'ame en enfer n'aille.
A vous vieng, dame, à vous m'a- [dresce
Qui des pecheurs estes l'adresce
Et confort des desconfortez :
Dame, à bien faire m'enortez,
Par quoy l'ennemi ne me happe.
E! Diex, tant ay fait que le pape
Voy là en son throsne séoir ;

ROBERT.

Vous, par qui fut faite la paix,
Qui ramena la joie au monde,
Cette paix si douce et féconde
Entre homme et Dieu, quand il [advint
Que Dieu, par vous, homme devint,
Notre-Dame d'amitié pleine,
Appui du pécheur en sa peine,
Veuillez m'accorder par pitié
Une part de cette amitié.
Jamais ne fis rien que mal faire,
Mais, sainte Vierge douce et chère,
De ce mal ai l'intention
De faire satisfaction
Et pénitence qui le vaille,
Pour que mon âme ne s'en aille
En enfer. O Vierge ! écoutez,
Reconfort des déconfortés,
Qui des pécheurs êtes l'adresse,
Écoutez-moi dans ma détresse.

Certes laissier me vois chéoir
A ses piez pour estre apaiez;
Et li requerray : Sire aiez
De moy mercy.

J'ai tant marché que je puis voir
Le Pape sur son trône seoir,
Accordez qu'il ne me rejette,
Et qu'à ses pieds je me rachète,
Par sa mercy.

PREMIER SERGENT DU PAPE.

Egar, que fait ce ribaut cy!
Sus, par male aventure, sus,
Tien dy, n'iras tu mie en sus
Si fera voir.

PREMIER SERGENT DU PAPE.

Eh! que fait ce ribaud ici?
D'où viens-tu par male aventure?
Vite, va-t-en, ou je t'assure
Qu'il faudra voir.

ije SERGENT.

Il veult des cops encore avoir
Et je ne sui pas si lassez,
Que je ne li en doingne assez.
Es tu de la place Maubert?
Tien et tien, fuy de cy, Trubert,
Ou mal pour toy.

DEUXIÈME SERGENT.

Ce sont des coups qu'il veut avoir
Encor. Jamais ne m'en fatigue
Et pour lui j'en serai prodigue.
Es-tu de la place Maubert?
Tiens! (*Il le frappe.*) Fuis! jamais [n'avons souffert
Telle canaille.

LE PAPE.

Ho! seigneurs, ho! laissiez le coy.
Gardez plus que ne li touchiez;
D'aucune chose est empeschiez
Qu'il me veult dire,

LE PAPE.

Non, je ne veux pas qu'il s'en aille.
Gardez-vous de plus le toucher.
Je vois — qu'on le laisse appro- [cher —
Ce qu'il veut dire.

ROBERT.

Saint Pere, je vous requier, sire,
Confession.

ROBERT

Saint Père, je vous requiers, sire,
Confession.

LE PAPE.

Dy moy de quelle nascion

LE PAPE.

Dis d'abord quelle nation

Tu es, avant, ne de quel estre
Né se chevalier es, né prestre
Ou homme lay.

Est la tienne, et qui tu peux être :
Chevalier, manant, bourgeois, prêtre?
Parle, et dis vrai.

ROBERT.

Je le vous diray sanz délay,
Puis qu'il fault que je le vous die ;
Fil sui du duc de Normandie.
Mais je me repute et sce bien,
Sire, que je vail pis qun chien,
Tant sui a Dieu abominable ;
Robert ay nom, surnom de Dyable ;
Si qües pour Dieu, conseilliez moy,
Ou je sui perduz, bien le voy ;
C'est à brief conte.

Sans retard je vous le dirai,
Puisqu'il faut que je vous le die :
Suis fils du duc de Normandie,
Mais je me répute et sais bien,
Sire, que je vaux pis qu'un chien,
Tant à Dieu suis abominable.
Robert ai nom, surnom le diable.
Conseillez-moi, je suis perdu.
En avez assez entendu.
Pour me connaître.

LE PAPE.

Es ce tu Robert, voir me conte,
De qui par tout on va contant
Que des mauvaistiez as fais tant
Que nul ne les pourroit nombrer ?
De Dieu te conjur, qu'encombrer
Né mal faire aussi ne me puisses
N'a créature que tu truisses
Des ores mais.

Es-tu Robert — oui tu dois l'être —
Dont on entend plus raconter
De crimes qu'on n'en peut compter.
Or, si c'est toi, je t'en adjure,
Ne tente mauvaise aventure
Contre aucun ailleurs ou céans.
Je le défends.

ROBERT.

Sire je n'en ay talent ; mais
Qu'il vous plaise sanz plus cesser
Moy pécheur ici confesser ;
Si ferez bien.

Je le promets. Sans plus de cesse
Veuillez m'accueillir à confesse :
Vous en requiers.

LE PAPE.	LE PAPE.
Voulentiers. Pour Dieu, or ca vien	A genoux mets-toi. Volontiers
A genouz cy.	J'écoute, espère.
ROBERT.	ROBERT.
Saint Pere, je vous cri mercy	N'ayez horreur de ma misère :
N'aiez orreur de ma misère;	Ma mère ne pouvoit avoir
Quand mon pere espousa ma mere,	D'enfant, c'étoit son désespoir,
Grant temps furent, à dire voir,	Sa colère, et tels qu'un jour, sire,
Quilz ne porent enfans avoir,	Elle en arriva jusqu'à dire
Dont ma mere triste devint;	Que l'enfant qui d'elle naîtroit
Et la corroux quelle ot advint	A l'Ennemi le donneroit.
Quant elle m'ot concéu, sire,	Ainsi je fus, dès ma naissance,
Quelle dist, voire par grant ire,	En si malheureuse puissance
Que sé enfant concéu avoit	Que d'élan au mal je courrois.
Quelle a l'ennemi le donnoit.	Les enfans nos voisins battois,
Si que depuis que je sui nez	Et leur étois impitoyable,
Jay esté si mal fortunez	Tant qu'ils m'appelèrent le diable,
Qu'a touz maux faire me metloye;	Surnom qu'on m'a continué.
Les enfans noz voisins battoie	J'avais un maître, et l'ai tué,
Et tant leur estoie grevable	Las que j'étais d'apprendre à lire.
Que surnom me mistrent de Dyable,	Chevalier, je me fis maudire
Qui de puis ne me chéy onques.	Par ma rage à piller partout
En m'enfance mauvaise adonques,	Les couvents, et dérober tout.
Saint Pere, je tuay mon maistre,	J'ai tué dans leur hermitage
Qui me devoit apprendre à lettre;	Sept hermites au doux courage,
Depuis qu'ay esté chevalier,	Servant Dieu. Bref, j'étois méchant
Des abbaies essillier	A ce point qu'à la ville, au champ,
Et desrober m'ai moult pené;	Du plus loin qu'on me vit paraître
Sept hermittes, sire, ay tué,	Nul de son effroi n'étoit maître;
Que trouvay en un hermittage;	Et que, non pas un seul, mais tous
Servans a Dieu de bon courage.	S'enfuyoient. Que désirez-vous

Brief j'ay esté si oultrageux
A mal faire, et si courageux
Que touz, non pas un, me fuioient
De si loing comme ils me véoient.
Onques ons ne fist tant de maux
Que j'ay fait, comme desloyaux
Que j'ay esté.

De plus, sire : âme déloyale,
Dure, pour le mal rien n'égale
Ce que je fis.

LE PAPE.

Robert, or me diz vérité :
Tua as, ce m'est avis, pesance
Des maux qu'as fait et repentance ;
Est-il certain ?

LE PAPE.

Va Robert, parle encore, dis
Si tu sens bien sous le mal aise
Des méfaits dont le poids te pèse,
Vrai repentir.

ROBERT.

Sire, oil, ce vous acertain ;
Je vous di ben, j'ay desplaisance
Et si amere repentance
Des mauvestiez que j'ay faiz, sire,
Que souvent je ne puis mot dire.
Tant pren mon las cuer et destraint
Repentance, et tant me contraint
Que ris et jeux mais ne me plaisent,
Richesses aussi me desplaisent,
Tout ce que je souloie amer,
Me semble dur et trop amer
Tant me repens.

ROBERT.

J'en ai tant d'amer déplaisir,
De dur chagrin, de douleur folle,
Que souvent j'en perds la parole,
Et que mon pauvre cœur j'étreins,
Tout pantelant entre mes mains,
Pour empêcher qu'il ne se brise.
Richesses, jeux, tout je méprise,
Et ce qui jadis m'étoit cher
M'est cruel, me devient amer,
Par repentance.

LE PAPE.

Puis qu'ainsi est, sueffre, je pens
Que briefment conseillié seras ;
Selon le Rosne t'en iras,
Environ .iij. lieux petites,

LE PAPE.

S'il est ainsi, voici je pense
Ce qu'il te faut conseiller : va
Remonter le Rhône ; de là
Pas bien loin, gagne un ermitage,

Afin que miex vers Dieu t'aquittes.
La trouveras un hermitage
Où est un mien confesseur sage;
N'est ia mestier que le te nomme;
Il est devost et saint preudomme;
Si li diras qu'a li t'envoie,
Et que ta confession oie,
Et sur ce te doint penitence,
Et que du tout à s'ordenance
Je te soubzmet.

ROBERT.

Saint Pere, gi vois, puis qu'il est
Preudomme et que vous li mandez:
A Dieu soiez vous commandez!
Des ci m'en vois a lui, bonne erre,
Pour la santé de m'ame acquerre.
E, sire Diex, par vostre grace,
Donnez moi lieu, temps et espace
De vous servir si dignement
Que ce soit à mon sauvement.

Où se trouve un confesseur sage,
Qu'il n'est pas besoin de nommer,
Saint homme, il faudra l'informer.
Que vers lui c'est moi qui t'envoie,
Pour te mettre en la sainte voie,
De tes fautes prendre l'aveu,
Et, te recommandant à Dieu,
Dont il saura l'ordre et sentence,
T'imposer une pénitence
Qu'en tout feras.

ROBERT.

Saint Père, j'y vais de ce pas,
Et grand' erre, puisqu'il est, comme
Vous me l'avez dit un saint homme,
Et qu'à lui daignez m'envoier
Pour me repentir et prier.
Ah! sire Dieu, par votre grâce
Accordez moi lieu, temps, espace
Pour vous servir incessamment,
Et pour me sauver dignement!

SCÈNE II

Chez l'Ermite.

ROBERT.

Pres ay d'accompli mon voiage
Car illecques voy lermittage
Où le pape m'a envoié,
Et me voy si bien avoyé
Qu'estant y voy le saint hermitte.

ROBERT.

Suis prêt d'accomplir mon voyage
Car voici, je crois, l'ermitage,
Où le Saint Père m'envoya.
J'ai si bien marché que déjà
J'aperçois le dévot ermite.

G'y vois.— Sire, afin que m'aquitte,
Le pape à vous ici m'adresce
Pour ce que m'oiez en confesse,
Mestier m'en est.

D'un vœu, sire, envers vous m'acquitte.
Vous suis par le pape adressé
Pour être par vous confessé,
Dont j'aurai joie.

L'ERMITTE.

Biau doulx frère, je suis tout prest.
Puis que le pape à moy t'envoie,
Or avant dy, si que je t'oye
Et que t'entende.

L'ERMITE.

Puisque le Pape à moi t'envoie,
Beau cher frère, suis tout à toi.
Dis ce qu'il faut, venant à moi,
Que l'on me die.

ROBERT.

Sire, pour ce que j'en amende,
A Dieu et vous me rends confès
De touz les pechiez que jay faiz.
Et afin que vérité die,
Je sui Robert de Normandie
Qui touz les maux du monde ai fait;
Car premièrement jay, de fait,
Les abbaies derobées
Et plusieurs nonnains violées;
Maint homme a povreté livré
Et de son avoir délivré:
Jay pis fait, dont je me remors;
Par moy furent .vij. hommes mors,
Hermittes q'unes fois trouvay
En un bois, la touz les tuay;
Si ay je fait d'autres sanz fin.
Si vous pri, pour Dieu, de cuer fin,
Et pour sa sainte passion,
Qu'aiez de moy compassion;
De mes pechiez ay remembrance,

ROBERT.

Je suis Robert de Normandie
Qui ne puis nombrer mes méfaits.
Péchés, crimes, les ai tous faits:
Maints couvents pillés, nonnes mises
A mal, gens réduits par mes prises
A pauvreté; même, ô remord!
Sept hommes d'un coup mis à mort.
Pauvres hermites en prière,
Je les trouvai dans la clairière
D'un bois, et tous les tuai là.
Et je n'ai pas fait que cela.
J'en souffre amère souvenance.
Donnez m'en quelque pénitence,
Je la ferai.

Donnez m'en quelque penitance,
Je la feray.

L'ERMITTE.	L'ERMITE.
Ore biau filz, je vous diray, *Mais huit avec moy demourrez,* *Et demain, quand levé serez,* *Vous conseilleray sans meffaire,* *Et diray quil vous fauldra faire.* *Alons souper mon ami chier,* *Et puis irons après couchier* *Jus qu'à demain.*	Aujourd'hui je ne t'entendrai, Beau cher frère, pas davantage. Demeure dans cet ermitage. Demain, à l'heure du réveil, Je pourrai te donner conseil, Et dire ce qu'il faudra faire. Allons souper sans plus d'affaire, Puis nous coucher.
ROBERT.	ROBERT.
Je vous fiance de ma main, *Sire, repentance ay si grant* *Que ne puis né ne suis engrant* *De riens mengier.*	Par la main que daignez toucher, Je jure qu'en tel deuil me trouve, Que céans nul désir n'éprouve De rien manger.
L'ERMITTE.	L'ERMITE.
Pour vous d'avoir fain revengier, *Vueil donc quen ce lit vous couchiez,* *Or faites, si vous depeschiez,* *Je m'iray par de la couchier,* *Jus qu'a demain, mon ami chier,* *Le point du jour.*	Dormir pour s'en dédommager Est merveille. Ce lit est vôtre; J'en vais auprès chercher un autre, Où dormirai, trompant la faim, Jusqu'au matin.
ROBERT.	ROBERT.
Sire, je feray sanz sejour *Vostre vouloir, soit tort, soit droit.* *Couchiez me vueil ici en droit;* *Alez, a Dieu.*	Quoi que bien peu je le désire, A votre gré dormirai, sire; Bonsoir vous dis.

L'ERMITTE.	L'ERMITE.
Par deca, en un autre lieu	Sur sa couche enfin il s'est mis.
Me vois couchier, adieu amis.	Moi, vais où son salut m'appelle,
Puis qu'il s'est pour reposer mis,	Non au lit, mais dans ma chapelle,
Certes point ne me coucheray;	Prier.--Dieu, qui pour nous souffris,
En ma chapelle m'en iray	Et pour mourir en croix t'offris,
Prier pour li devotement.	Rachetant les âmes en peine,
Sire, qui pour le sauvement	Vois ce pécheur : sa vie est pleine
Des humains pendre te souffris	De toutes méchancetés; fais
En a morir en croix t'offris,	Que par ta grâce il soit en paix.
Pour les ames jetter de paine	Ses péchés sont grands, mais par-
Sire, ce pecheur qui se paine	[donne,
D'estre de ta grace refait,	Dieu, je t'en supplie; et me donne
Quoy que grandement ait meffait,	Pour sa pénitence conseil.
Je te pri que tu li pardonnes	Mais je sens venir le sommeil,
Ses pechiez, et que tu me donnes	En vain je résiste, il m'obsède,
Avis et conseil sanz targier,	Et je lui cède.
Quelle pénitence chargier	
Je li pourray, pour ses meffaiz.	
Egar, de sommeil ay tel faiz	
Que ne me puis porter, cest nient,	
Ci endroit dormir me convient	
Par fine force.	

SCÈNE III

Le Paradis.

DIEU.	DIEU.
Gabriel, d'aler jus t'efforce,	Gabriel, Michel, et vous Jean,
Et tov, Michel, avecques li,	Mon ami, qu'on soit diligent!
Et vous Jehan, mon chier ami.	Je veux aller à la chapelle

Aler vueil en celle chappelle,
A mon bon ami, qui m'appelle.
Mere venez avecques moy
Enorter li vueil ce de quoy
Il me requiert.

De mon serviteur, qui m'appelle;
Mère, vous viendrez avec moi
Savoir pourquoi.

NOSTRE DAME.

Filz, puis que vostre conseil quiert
Ny doit pas faillir par raison;
Anges, sus, sanz arrestoison.
Pour mon filz et moy convoier
En alant, vous fault avoier
Que vous chantez.

NOTRE-DAME.

Mon fils, puis qu'à vous il s'adresse,
Cherchant pour une âme en détresse
Conseil, croyez qu'il a raison.
Anges, essayez la chanson,
Que devant nous, suivant l'usage,
Vous chantez, quand vais en voyage
Avec mon fils.

PREMIER ANGE.

Dame, quant cest vo voulentez
Nous n'en ferons mie refus.
Michiel amis, disons or sus
Je ne sce quoy.

PREMIER ANGE.

Vos volontés toujours je fis.
Michel et moi, voulons ensemble,
Dame, chanter ce qui nous semble
Être le mieux.

.ij^e. ANGE.

Gabriel, disons vous et moy
Ce rondel ci par leesce:

DEUXIÈME ANGE.

Ce rondel, chantons le tous deux
En grand' liesse.

RONDEL.

Humain cuer de loer ne cesse
La vierge qui par sa purté
A touz les anges surmonté;
Et est en la plus grant haultesce
Des cieux, par son humilité.
Humain cuer de loer ne cesse

RONDEL.

Humain cœur de louer ne cesse
La Vierge, dont la pureté,
L'a sur les anges emporté.
Elle est en la plus grand' hautesse
Des cieux par son humilité.
Humain cœur de louer ne cesse

La Vierge qui par sa purté,
Car tant est pleine de largesse
Que se la sers en vérité
Sanz fin aras benéurté.

Notre Dame de pureté,
Car tant est pleine de largesse
Que la servir en vérité
Donne pour toujours sainteté.

SCÈNE IV

Chez l'Ermite.

DIEU.

Amis, or entens vérité
Pour ce que de bon cuer requis
M'as, et devotement enquis
Quel penitence tu donras
A ce pecheur; tu li diras
Qu'il fault que le fol contreface;
N'en quelque lieu qu'il soit, n'en place,
Ne parle nient plus qun muet;
Et avec ce, pour fain qu'il ait,
Li enjoint qu'il ne mengera
Jamais fors ce que aux chiens pourra
Tollir. Sanz ceste penitance
Il ne me plaist mestre ordenance
Plus legerette.

DIEU (*à l'Ermite qui dort*).

Puisque tu requiers ma sentence,
Pour savoir quelle pénitence
A ce pécheur tu donneras,
Voici ce que tu lui diras :
Il faut, quelle que soit la place,
Que partout le fol contreface;
Qu'il soit aussi partout muet,
Et que pour sa pâture il n'ait
Que ce qu'aux chiens il pourra prendre.
C'est là ce qu'il te faut apprendre
A ce pécheur qui dort ici,
Et fut si longtemps endurci.
Lui donner moindre pénitence
Ne serait que lâche indulgence;
Je ne saurais.

NOSTRE DAME.

Or t'esjouis et te rehaite
Tu le doiz bien faire par foy,

NOTRE-DAME (*à l'Ermite*).

Dieu t'accueille aux plus doux souhaits,

Quant Dieu viens ci parler à toy,
Et je aussi qui sa mere sui.
Ralons nous ent, ralons mai huy
Trestouz ensemble.

Que dans ton cœur tu pouvois faire,
Car il te parle; et, moi, sa mère,
Pour te réjouir en ta foi,
Ainsi que lui, je viens à toi.
(*Aux anges.*)
Vous tous, il est temps, ce me semble,
Partons ensemble.

SAINT JEHAN.

Damé, c'est le miex, ce me semble;
Anges, alez vous deux devant
Chantant, je vous iray suivant,
Et avecques vous chanteray
D'accort, le miex que je pourray,
Tresvoulentiers.

SAINT JEAN.

Rien de mieux, dame. Allant devant,
Anges, chantez. Moi, vous suivant,
Si d'accord puis, et de voix claire,
Ainsi que vous je le veux faire
Très volontiers.

PREMIER ANGE.

Puis qu'avec nous ferez le tiers,
Ci endroit plus ne nous tenons.
Mais en r'alant d'acort chantons
Comme gens plains de leesce.

PREMIER ANGE.

Avec vous deux ferez le tiers.
A vos voix je joindrai la mienne.
Puis qu'il n'est rien qui nous retienne
Céans, plus longtemps n'y restons;
D'accord, en retournant chantons,
Comme en venant avec liesse :

RONDEL.

Car tant est plaine de largesce
Que, se la sers en vérité,
Sanz fin aras benéurté.

RONDEL.

Car tant est pleine de largesse
Que la servir en vérité
Donne pour toujours sainteté.

L'ERMITTE.

E! sire Diex, de la bonté

L'ERMITE

Réjoui de cœur je me lève,

Et de la joie quay éu
Quen mon dormant vous ay véu,
Et vostre doulce mere aussi
Tresdevotement vous graci,
Et de ce qu'enfourmé m'avez
De la pénance que savez
Qu'à ce pecheur est convenable
A ce qu'il vous soit agréable,
Comme juste homme.

Sire Dieu, je vous vis en rêve,
Et votre douce mère aussi.
Dévotement vous dis merci
De m'avoir par votre sentence
Informé de là pénitence,
Qu'à ce pécheur il faut donner,
Pour qu'il puisse à vous retourner,
Comme juste homme.

ROBERT.

Elas! chetif, j'ay trop grant somme
Dormi, sus il me fault lever,
Et mettre en paine de trouver
Quanque pourray le saint hermitte,
Par qui doy estre absolz et quitte
De mes pechiez.

ROBERT.

Helas! J'ai dormi trop grand somme.
Sus il faut vite me lever,
Et mettre en peine, pour trouver
Où se tient le dévot ermite,
Par qui dois être absous et quitte
De mes péchés.

L'ERMITTE.

Robert de moy vous approuchiez;
Venez avant.

L'ERMITE.

Devers moi, Robert, approchez
Sans plus attendre.

ROBERT.

Sire, je n'osoie devant
Leure que vous m'appellissiez,
Que de moy ne vous tenissiez
A trop chargié.

ROBERT.

Si près de vous n'osois me rendre
Sire, avant que d'être appelé,
C'est que ma présence eut semblé
Trop importune.

L'ERMITTE.

Le Saint Pere sy ma chargié
Se me dites de vous absoldre;
Il vous fault bien contre mal soldre,
Se voulez en grace estre mis;

L'ERMITE.

Le bien doit en toute fortune
Payer le mal. Je sais déjà
Que le Saint Père vous chargea
De me dire de vous absoudre.

Vez ci que vous ferez, amis,
Vous vous maintendrez comme fol
Portant une massue au col,
N'en quelque lieu que vous serez
De viande ne mengerez,
Se aux chiens ne la pouez happer ;
Et vostre vivant sanz parler
Serez, aussi je vous enjoins.
Et se vous faites ces .iij. poins
Je sui certain, mon ami doulx,
Que Diex ara mercy de vous,
En la parfin.

Or, à ceci vous faut résoudre
Pour avoir grâce : comme fol,
Portant une massue au col,
Vous irez partout. Pour provende,
Vous n'aurez plus rien que la viande,
Qu'au chien vous pourrez dérober.
De plus, vous devrez vous garder,
Et cela toute votre vie,
Et, quelle que soit votre envie,
De dire un mot. A ces trois points,
Qu'au nom de Dieu je vous enjoints,
Frères doux, si vous satisfaites,
Je crois, tout pêcheur que vous êtes,
Que par lui ne serez damné,
Mais pardonné.

ROBERT.

Sire, je feray de cuer fin
Et voulentiers ce que me dictes.
Et se pour tant puis estre quittes
Des pechiez que jay faiz mortiex,
Loer soit le doulx roy des cieulx
Et de la terre.

ROBERT.

Oui, je ferai ce que vous dites,
Tant ont hâte et soif d'être quittes
Les âmes en péché mortel.
Loué soit le doux roi du ciel
Et de la terre.

L'ERMITTE.

Or vas, amis, pour grace acquerre,
Ta penitence commencier,
Et ne la vueilles par laissier
Duy a demain.

L'ERMITE.

Va ; que la grâce te conquière,
Garde-toi de laisser passer,
Pour tes épreuves commencer,
Cette journée.

ROBERT.

Nanil, sire, se me demain
Comme fol, et on me fait honte

ROBERT.

Ne sera ma peine ajournée.
Ferai le fol, je vous le dis.

N'aussi je n'en feray ia conte
Ne mot, ne demi nen diray.
Sire, a Dieu vous commanderay;
Penser men vois et aviser
Comment me pourray deguiser
Pour le fol faire.

Malgré les coups, malgré les cris,
Quoique j'en puisse avoir de honte,
De tout je ne tiendrai nul compte.
Jamais plus je ne parlerai
Puisqu'il le faut; mais je prierai,
Pour que mon cœur ne désespère.
Voyons, pour le fol contrefaire,
Comment je me puis déguiser;
Vais aviser.

L'ERMITTE.

Amis, la Vierge debonnaire
Je doint tele penance emprandre,
Qu'a Dieu puisses ton ame rendre
De touz maux nette.

L'ERMITE.

Ami, sache que Notre-Dame,
Veut, compatissante à ton âme,
La rendre pure au Dieu d'amour
Comme un beau jour.

SCÈNE V

Sur la place, devant le palais de l'Empereur.

LA FROMAGIERE.

Je croy qu'il est bon que ci mette
Mon panier à tout mes fromages,
Car par ci passent folz et sages,
Et aussi c'est le droit marchié,
Puis que jay jusques cy marchié
Jus le mestray.

LA FROMAGÈRE.

Ici, je crois pour mes fromages
La place bonne. Fous et sages
Y passent, c'est le plein marché.
Oui, j'ai d'ailleurs assez marché
Là, je m'arrête.

L'EMPERIERE.

Seigneurs, a avoir fain me tray
Faites maishuy ceulx entremettre
A qui il duit les tables mettre,
Car diner vueil.

L'EMPEREUR.

J'ai faim. Écuyers, qu'on s'apprête,
Pour servir, à tout ordonner :
Je veux dîner.

L'ESCUIER.	PREMIER ÉCUYER.
Sire, fait sera vostre vueil	Tout à l'heure il sera fait, sire,
Tout en leure, sanz plus attendre.	Ainsi que monseigneur désire.
Sa, des nappes pour cy estendre;	Ça, Raymond, vite il faut aller
Remon, monseigneur veult dysner;	Chercher nappes pour étaler,
Il est encore a desjuner	Et tout hâter à la cuisine :
Delivrez vous.	Monseigneur dîne.
REMON.	RAYMOND.
Querre les vois, mon ami doulx,	Voici les nappes; à nous deux,
Car vez les ci, or entendons	Car ensemble nous serons mieux
Comment à point les estendons	Pour les étendre.
Cy vous et moy.	
LA FROMAGIERE.	LA FROMAGÈRE
Ho dya! un fol cy endroit voy	Eh! qu'est-ce? un fol, qui cherche [à prendre.
Qui a mon pennier rit des dens	A mon panier il rit des dents;
Pour les fromages qui dedans	Les fromages qui sont dedans
Sont. Mais foy que doy Saint- [*Germain,*	Lui paroissant de bonne prise,
	Le tournent à la friandise.
Avant qu'i y mette la main	Avant qu'il y mette la main,
De ci bien tost les leveray	Détournons-nous de son chemin,
Et ailleurs vendre les iray;	Partons. Du meilleur de ma vente,
Il me pourroit bien dun fromage	Dont le goût, je le vois, le tente,
Ou de plus faire tost damage;	Ce fol pourroit, je le crains fort,
De ci m'en vois.	Me faire tort.
PREMIER CHEVALIER.	PREMIER CHEVALIER.
Chier sire, vez ci vostre dois	Tout est prêt, sire, qu'il vous plaise
Tout prest, séez quant vous plaira,	Prendre place dans votre chaise.

Pour diner on vous servira *Bien et a point.*	Vous n'aurez plus, pour bien dîner, Qu'à l'ordonner.
L'EMPERIERE.	L'EMPEREUR.
De ce prier ne me fault point, *Assis sui, ne vous deporter;* *Or tost a mengier m'apportez* *Delivrement.*	Pas n'est besoin qu'on m'en requière Je suis à table. A vous de faire Que tout puisse enfin s'abréger, Et moi manger.
L'ESCUIER.	L'ÉCUYER.
Voulentiers, chier sire, et briefment. *Vez ci pain, ci est vin de bouche,* *Dire après m'en vois a qui touche,* *Sire, qu'a mengier demandez* *Vez ci, sire, or me commandez* *Du quel vous voulez que je taille* *Et je vous le feray sanz faille* *A lie chiere.*	Très volontiers, voici, cher sire, Pain, vin de choix, vous plait-il dire Dans quel plat il me faut tailler Le premier; car je dois veiller Sire, à ce que vous puissiez faire Très bonne chère.
PREMIER COMPAIGNON.	PREMIER COMPAGNON.
Compains, regardez la maniere *De ce fol et la contenance;* *D'une main bale et d'un pié dance.* *Assez sotement se demainne,* *Se Dieu te doint bonne sepmaine.* *Avant soions nous .ij. engrès* *De nous traire de li plus près,* *Pour oïr des moz quil dira,* *Je croy que rire nous fera,* *Ains quen partons.*	Vois donc par ici, compagnon; Quel est ce fol? Sais-tu son nom? D'une main jongle et d'un pied [danse, C'est bien d'un fol la contenance. Si nous l'approchions de plus près: Veux-tu? Nous partirons après. Nous lui pourrions entendre dire Mots qui font rire.
ij[e] COMPAIGNON.	DEUXIÈME COMPAGNON.
Avant d'aler nous espartons,	Soit, compains, à ta volonté,

Aussi ne vi je, par saint Gille,
Grant temps a, fol en ceste ville.
Comment, as-tu nom, Gillebert ?
Par m'ame, il semble bien Trubert.
Trai toy de li un po arriere,
Je li vois donner par derriere
De mes .v. doiz un bobelin,
Or me regarde, Robelin,
Qui t'a feru ?

Prenons le chacun d'un côté,
Depuis bien longtemps, par saint Gille,
Je n'ai vu fol en cette ville
Quel est ton nom? Rien. D'où viens-tu?
Rien encor, rien! il est têtu.
(*A son compagnon.*)
Avec moi, compains, viens arrière
Un peu. Je lui veux par derrière
Donner un soufflet bien tapé.
(*Au fol.*)
Qui t'a frappé?

PREMIER COMPAIGNON.

Nient plus qun asne mort feru
Il ne dit mot. Que veult-ce dire ?
Egar comme il se prent a rire,
Qu'a il ore trouvé de bon ?
Je le vueil farder de charbon,
S'en semblera plus biau vallet.
Or va, tu n'aras plus si lait
Le visage com tu avoies ;
Se le bien que t'ay fait savoies
Tu me diroies gran merciz.
Or resgarde, est-il bien noirciz
Par le visage.

PREMIER COMPAGNON.

Il ne parle pas plus qu'un âne
Mort. Qu'est-ce à dire? Il ricane,
Vois donc. Qu'a-t-il trouvé de bon?
Je le veux farder de charbon.
Cela lui sied. Oui, son visage
Plaît mieux ainsi. Tu serais sage
Si tu disais, si bien noirci,
Un grand merci.

ij[e] COMPAIGNON.

Oil, non Dieu que li feray-je ?
Mettre li vois, soubz son chappel,
Ce viez panufle de drappel,
Et li sacheray le toupet,
Traiz te ca, tray, Jobin tripet,

DEUXIÈME COMPAGNON.

Moi, que lui faire? une guenille
Qui flotte au vent, et qui pendille,
Lui sierait bien sous son chapeau.
Voyons un peu. Ce vieux lambeau,
En l'appliquant sur son oreille

Pour ce que tu es chappellez;
Vueil que soies endrappellez
Pour t'en cointir et depporter ?
En lieu de banniere porter;
Le te feray.

PREMIER COMPAIGNON.

Ici endroit plus ne seray;
Assez ay regardé sa guise;
Je m'en vois, que tant se deguise
Que tout m'affolle.

ije COMPAIGNON.

Jay pitié de sa guise fole
Et de ce qu'il ne parle goute.
Il pleure, esgar, esgar, sanz doubte,
Vez le la, cest fait, il s'enfuit.
Il nous a grant piece deduit
Et esbatu.

PREMIER COMPAIGNON.

Tu diz voir; dy moy, venras tu
Boire une foiz ?

ije COMPAIGNON.

Oil, alons, foy que tu doiz
Adieu amis.

Va justement faire merveille,
Oui. Pour finir le tour, je veux
Lui tirer un peu les cheveux.
Il souffre tout. Voyez-vous comme,
Ainsi coiffé c'est un bel homme.
On dirait seigneur de haut ton,
Ou juge sous son chaperon,
Qui se prélasse.

PREMIER COMPAGNON.

Fol faux ou vrai, viens, il me lasse,
Comme lui, si je ne partais,
J'affolerais.

DEUXIÈME COMPAGNON.

C'est pitié qu'une telle vie,
Et surtout que dans sa folie
Le malheureux ne parle pas.
Tiens, il pleure; vois-tu là bas?
Puis il fuit. C'est fait, plus per-
Ce fol m'étonne. [sonne!

PREMIER COMPAGNON.

Viens donc — car c'est assez ma
Boire avec moi. [foi —

DEUXIÈME COMPAGNON.

Sur ce point, je ne contrarie,
Quand on m'en prie.

(Ils sortent.)

L'EMPERIERE.

Seigneurs, qui nous a céens mis
Cel homme que ainsi voy aler ?
Entre mil est biau bachelier.
Tant y a quil me semble fol;
C'est grant damage, par Saint Pol.
Appellez le tost, sanz songier,
Et si li donnez a mangier
Ici devant.

L'EMPEREUR.

Quel est cet homme, qui va, vient?
Comme un cavalier il se tient.
Il ferait figure entre mille.
Est-il, dites-moi, de la ville?
Mais regardez mieux : par saint Pol,
Ne semble-t-il pas qu'il est fol?
Ce serait vraiment grand dommage.
Pour l'examiner davantage,
Faites le par ici ranger,
Et bien manger.

PREMIER CHEVALIER.

Ca, mon ami, venez avant,
Comment etes-vous appellez ?
Dites le tost, ne le celez
A l'emperiere.

PREMIER CHEVALIER.

Dis, ami, comment l'on t'appelle,
Et vite, car rien ne se cèle
A l'empereur.

ij^e^ CHEVALIER.

Il monstre bien a sa maniere
Qu'il est un vraiz folz et estouz.
Il nous a fait la moë a touz
Et puis s'en va ses pas comptant;
Vez le ci revenir trotant.
Portant à son col sa massue
Et du travail qu'il a, li sue
Tout le visage.

DEUXIÈME CHEVALIER.

Ah! ce nom ne lui fait pas peur,
Et sa folie ainsi s'avoue.
Pour réponse, il nous fait la moue.
Puis il s'en va ses pas comptant,
Mais pour revenir en trottant.
A son col il a sa massue,
Et de ce travail son front sue,
Que c'est pitié!

L'ESCUIER (*a Robert*).

Mon ami, bon estes et sage,
Or vous séez un petit ci
Je vous serviray sanz nul si,

L'ESCUYER.

Pauvre homme, ici, par amitié
Seyez-vous, car vous êtes sage,
Et bon. Là, faisons bon ménage.

De bonne viande et assez ;	Moi même, je veux vous servir,
Or tenez, mon ami, pensez	Et les meilleurs plats vous offrir.
De manger bien.	N'ayez plus ici qu'une affaire :
	La bonne chère.
L'EMPERIERE.	L'EMPEREUR.
Louvet, Louvet, tien Louvet, tien	Tu veux d'un plat, Louvet, mon [chien,
Runge cela.	Voilà le tien.
PREMIER CHEVALIER.	PREMIER CHEVALIER.
Regardez au chien s'en va là,	Avec Louvet, le fol s'échappe.
Oster li veult son os sanz faille.	Il veut l'os, il faut qu'il le happe.
Et le chien aux dens, qu'il ne faille,	Louvet, qui résiste en grondant,
Le tient forment.	A bonne dent.
ij[e] CHEVALIER.	DEUXIÈME CHEVALIER.
A li oster tent durement ;	Mais le fol endiablé s'obstine
Mais le chien le tire et debat ;	Après ce rebut de cuisine.
Sanz faillé, vez ci bon esbat,	Le chien tire à lui, se débat.
Et bien a rire.	Jamais on n'a vu de combat
	Mieux fait pour rire.
L'ESCUIER.	L'ESCUYER.
Combien qu'aux dens le chien fort [tire,	Le chien l'emporte, tant il tire
Tire encore plus fort le fol ;	Et tire encore. Non, le fol
O happé l'a si par le col	A pu lui bien serrer le col :
Que osté li a.	L'os est sa proie.
PREMIER CHEVALIER.	PREMIER CHEVALIER.
Or véons s'aler li laira	Attendez qu'il le lui renvoie,
Par quelque tour.	Ce n'est qu'un tour.

ij[e] CHEVALIER.

A ce que voy nanil; quentour
L'os, tant comme peut, il se preuve
De mengier la char qu'il y treuve;
Ne scé se si sage sera
Que quant la char mengié ara
Qu'au chien l'os baille.

DEUXIÈME CHEVALIER.

Non pas, il mordille à l'entour
La chair, sa faim est une louve.
Je crains que le chien ne retrouve
Même — le fol ayant mangé —
Un os rongé.

L'EMPERIERE.

Laissiez le mengier, ne vous chaille,
Il fait comme vray fol qu'il est.
Tien, tu aras ce pain, Louvet,
Louvet tien, tien.

L'EMPEREUR

Il est fol, qu'en fol il agisse.
Laissez le faire à son caprice.
Tiens, Louvet, ce morceau de pain:
Prends de ma main.

PREMIER CHEVALIER.

Le fol le va tollir au chien
Avant que point en ait gousté;
C'est fait, il li a tout osté,
Vueille ou ne vueille.

PREMIER CHEVALIER.

De l'autre, c'est déjà la prise.
Il faut qu'un nouveau pain l'on cuise.
De la miche il s'est emparé
Bon gré, mal gré.

L'EMPERIERE.

Je voy de cel homme merveille,
Et tien qu'il est vray fol à plain;
Il a brisé en deux son pain,
Et s'en a au chien departi
La plus grand part, quant la parti,
Sanz dire tien.

L'EMPEREUR.

Cet homme, plus je le surveille,
Me semble une étrange merveille.
Il est vrai fol, et tout à plain.
En deux il a brisé le pain,
Et c'est au chien dans ce partage,
Non à lui, qu'il fait l'avantage.
Qui donc est-il?

ij[e] CHEVALIER.

Il est vraiz folz, il y pert bien
Et n'est mie de ce païs,

DEUXIÈME CHEVALIER.

On cherche sans trouver le fil.
Il n'est pas de ce pays certe,

Mais de ce sui trop esbahis
Qu'il ne parle ne qun muet;
Et je croy vraiement qu'il est
Muet acertes.

Mais — cela surtout déconcerte —
Il parle aussi peu qu'un muet.
Je crois qu'il l'est.

L'ESCUIER.

Mais véez merveilles appertes
Du fol qui va apres le chien
Par tout le suit. Il l'aime bien
En son folois.

L'ESCUYER.

Mais voici plus étrange chose,
Le fol partout court et se pose
Où court et se pose le chien:
Il l'aime bien.

L'EMPERIERE.

Or vas apres, foy que me dois,
Et pren bien garde qu'il fera,
Et se le chien il suivera,
Quel part qu'il voit.

L'EMPEREUR.

Vas après, vas et le regarde,
Et vois vraiment, prenant bien garde,
Si, quand Louvet s'arrête ou fuit,
Le fol le suit.

L'ESCUIER.

Sire, si Dieu grace m'envoit,
Voulentiers soiez tout certain.

Je revieng, et vous acertain,
Le fol gist emprès, ce sachiez,
Vostre chien qui s'est couchiez
Soubz le degré.

L'ESCUYER.

Je vais où monseigneur souhaite,
Et sa volonté sera faite.

Je reviens, sire, ayant pu voir
Ce que vous désirez savoir :
J'ai vu le fol, je vous le jure,
Près du chien couché sur la dure
Sous le degré.

L'EMPERIERE.

Se tu me veulz servir a gré
Oste de ci premierement
Et puis t'en vaz isnellement
Et li portes coste et cossin,
Couverture et .ij. draps de lin,
Pour li couschier.

L'EMPEREUR.

Ce n'est pas un gîte à mon gré,
Pour lui. Prends coussins, couver-
Oreillers, fais bonne mesure [ture,
Enfin de tout ce qu'il faudra,
Pour que le fol, sous un bon drap,
Heureux s'endorme.

L'ESCUIER.

Treschier sire, sanz plus preschier,
Si com commandez le feray,
Si tost que osté de ci aray;
C'est fait; je vois sanz deporter,
Au fol un lit faire porter
Et puis assez tost revenray.
Treschier sire, oez que diray,
J'ay fait porter au fol un lit,
Pour li couchier plus par delit;
Mais sachiez, sire, en verité,
Il la en sus de li bouté;
De l'avoir n'a point de desir
Mais lez le chien, s'est mis jésir,
En bonne foy.

L'ESCUYER.

A vos ordres on se conforme.
Ici prendrai tout ce qu'il faut
C'est fait. Qu'on le porte aussitôt
Au fol, pour qu'on puisse lui faire
Le meilleur lit. — Mais autre affaire:
Le fol repousse tout du pié?
Il ne veut, n'est-ce pas pitié?
Il ne veut rien pour bien s'étendre.
Un coin est tout ce qu'il veut pren-[dre
Auprès du chien,

L'EMPERIERE.

A il point de fuerre, soubz soy,
Je ne ments pas?

L'EMPEREUR.

A-t-il au moins, dis-le moi bien,
De bonne paille.

L'ESCUIER.

Treschier sire, oil, un bon tas
Quant je vis ce, sachiez de voir
Qu'il n'ot cure de lit avoir,
Du fuerre li baillay assez;
La dedans se sont entassez
Li et le chien.

L'ÉCUYER.

Sire, j'en ai, vaille que vaille,
Fait un tas pour le malheureux,
Qui dans ce lit eut été mieux,
Mais il n'a souci du bien être,
Dans le tas l'ai vu disparaître
Avec le chien.

L'EMPERIERE.

Or les laissés, il sont moult bien
Puis qu'ainsi est.

L'EMPEREUR.

Cessons, puisqu'il n'estime rien
Un lit plus tendre?

UN MESSAGIER.

Il est vous est mestier d'estre prest,
Treschier sire, sanz point attendre,
De vostre terre et vous deffendre ;
Car paians si sont embatuz,
Et ont ja esté combatuz,
Mais plus que nous ont esté fors ;
Et sachiez, sire, qu'à effors
Viennent ci, et est leur entente
De vous conquerre sans attente.
Perduz sommes et essilliez,
Sire, se ne nous conseilliez
Sur cest affaire.

LE MESSAGER.

Soyez prêt, sire, à vous défendre.
Les payens se sont abattus,
Sur vos terres; nous ont battus,
Et contre vous viennent en force.
Vous conquérir est leur amorce;
Ils arrivent pour nous piller.
Sire, à vous de nous conseiller,
Que faut-il faire?

L'EMPERIERE.

Seigneurs, le miex que puissions [faire
C'est de nous armer, ce me semble,
Et d'aler sur eulx touz ensemble.
Vaz tantost et sanz detrier
L'arriere ban faire crier,
Et que chascun s'arme et aqueure
A la bataille sanz demeure,
Et fay briefment.

L'EMPEREUR.

Nous armer tous, la chose est claire,
Puis ensemble marcher contre eux,
Et combattre de notre mieux.
Ça que l'arrière ban l'on crie,
Et, sans qu'autrement on l'en prie,
Que chacun s'apprête à fourbir
Ses armes, pour vite accourir,
A la bataille.

L'ESCUIER.

Voulentiers, sire, vraiement,
Ja, mesmes, pour l'amour de vous,
L'iray faire savoir a touz
Communement.

L'ÉCUYER.

Cher sire, vous plaît-il que j'aille
Moi-même, pour l'amour de vous,
L'apprendre à tous?

L'EMPERIERE.

Alons nous armer vistement,
Seigneur, tant dis.

L'EMPEREUR.

Oui, de grand cœur, car le temps [presse.
Nous, avant que d'être en détresse,
Seigneurs, allons sans plus chômer,
Tous nous armer.

PREMIER CHEVALIER.

Vous n'en serez mie desdiz,
Treschier sire, de ma partie ;
Diex nous doint, à la departie
L'onneur avoir.

PREMIER CHEVALIER.

J'y serai de tout mon courage,
Que chacun puisse, pour partage,
L'honneur avoir !

ij^e CHEVALIER.

Je tien que si fera il voir,
Car ce qu'à eulz alons combatre
N'est que pour nostre droit debatre,
Et soutenir.

DEUXIÈME CHEVALIER.

On pourra comme lui nous voir;
Pour notre droit allons nous battre;
Il faut, sans nous laisser abattre.
Le soutenir. (*Ils sortent.*)

L'ESCUIER.

Puis que sui cy, plus abstenir
Ne me vueil que ne fasse un cri,
Cy endroit, sanz plus lonc detri ;
De m'en acquitter sui engrans.
— Or escoutez, petiz et grans,
L'emperieres, savoir vous fait
Que chascun se tiengne de fait
Armé et tout prest pour combatre ;
Car paiens se veulent embatre,
Mais sont venuz en ceste terre
Et la veulent pour eux acquerre.
Pour ce l'empereur a touz mande

L'ECUYER.

Je suis où je devais venir.
Je n'aurai pas meilleure place
Pour le *cri* qu'il faut que je fasse.
Sans plus tarder je l'entreprends :
Or, écoutez, petits et grands :
L'Empereur veut qu'ici je vienne
Vous dire que chacun se tienne
En armes, et, par tous moyens,
Prêt à combattre les payens.
Pour que leur bande la conquière,
Ils ont envahi cette terre.
L'Empereur veut donc à la fois

Son arriere ban, et commande
Aussi ben au clerc comme au lai
Que chascun s'arme sanz delay
Et soit tout prest.

Tout son arrière ban : Bourgeois,
Et clercs, sans que rien vous arrête,
Que l'on s'apprête.

SCÈNE VI

Le Paradis.

DIEU.

Je vueil que voises sanz arrest
A Robert le fol, Gabriel,
Dire qu'il sen voit ou praël
Ou la clere fontaine sourt ;
La des blanches armes s'atourt,
Et arme qu'il y trouvera ;
Et tantost comme armé sera,
Combatre sen voit aux paiens
Et face aide aux crestiens
Tost et secours.

DIEU.

Gabriel, va trouver Robert,
Et lui dis que dans le pré vert,
Où jaillit la claire fontaine,
Sont des armes qu'il faut qu'il pren-
Blanches armes, qu'il vêtira [ne,
De pied en cap. Quand il sera
Tout prêt ainsi pour la bataille,
Gabriel, dis lui qu'il s'en aille
Combattre aussitôt les payens.
Il est besoin pour les chrétiens
D'un bras qui pèse.

GABRIEL.

Vray Dieu, puis qu'il vous plait, le
Tout droit a li de cy iray. [cours,

GABRIEL.

Il suffit, vrai Dieu, qu'il vous plaise
Que je parte ; vers lui j'irai.

SCÈNE VII

Près de l'endroit où est couché Robert.

GABRIEL.

Robert, entens que te diray ;
Dieu veult que t'en voises isnel,

GABRIEL.

Dieu veut, Robert, que dans un pré,
Où jaillit la claire fontaine,

La derrieres, en un praël
Ou quel il a une fontaine,
Tout seul, ame avec toy ne maine;
Beles armes y trouveras
Et blanches, dont tu t'armeras;
Et toy armé, pense d'accourre
Contre paiens, et de secourre
Aux crestiens, car la victoire
Aront des paiens par toy, voire;
Mais quant désarmer te voulras,
En ce propre lieu t'en venras
Desarmer, où tu aras pris
Les armes qui sont de grans pris
Et après se tu os plus dire
Que Sarrazins, pour contredire
Les Romains, né pour eulz combatre
Se viengnent cy entour embatre,
A tes armes tantost aqueurs,
Et les Romains garde et sequeurs;
Et si grant bien leur en venra
Que la victoire leur sera.
A tant, me tais.

Tu te rendes; mais nul ne mène
Avec toi. Là, tu trouveras
Blanches armes. Tu t'armeras;
Puis après aux bandes payennes
Courras sus. Il faut que tu viennes,
Avec la victoire, aux chrétiens.
Ensuite, au même pré reviens,
S'il est temps que tu désarmes.
Tu devras y laisser tes armes,
A l'endroit où les auras pris;
Sache qu'elles sont d'un grand prix.
Si plus tard on te venait dire
Que le Sarrazin veut l'empire,
Qu'il revient contre le Romain.
Reprends-les, et, l'épée en main,
Pour que la victoire encor cède,
Cours au Romain prêter ton aide
Contre le Sarrazin maudit.
Marche. J'ai dit.

SCÈNE VIII

Devant le Palais.

L'EMPERIERE.

Avant, sus Sarrazins, huy mais
Alons, seigneurs, puis qu'armés [sommes,

L'EMPEREUR.

En avant, bien armés nous sommes,
Aux Sarrazins, en vaillants hommes
Courons sus. Encor quel qu'effort

Deffendons nous com preudeshom-
[mes
Courons leur sus, la les voy estre ;
A mort, a mort pensons de mettre
Ceste merdaille.

PREMIER PAIEN.

Sabaudo ! bahe fuzaille,
Draquitone, baraquita
Arabium malaquita
Hermes zalo !

ije PAIEN.

Jupiter naquit Apolo
Perhegathis.

PREMIER CHEVALIER.

Apres, apres ces chiens fuitis ;
Au mains ont il perdu sanz faille
Ceste prémeraine bataille
Loez soit Diex.

ije CHEVALIER.

Je le loeraye, pour le miex,
Sire, que nous retraissons,
Et qu'en vostre fort alissons
Nous esventer.

PREMIER CHEVALIER.

Aussi le lo je, car doubter
Mais hui Sarrazins ne devons,
Puis que le champ gangnié avons ;
Alons m'en, sire.

Et nous aurons pu mettre à mort
Cette canaille.

PREMIER PAYEN.

Sabaudo ! bahe fuzaille
Draquitone, baraquita
Arabium malaquita
Hermes zalo !

DEUXIÈME PAYEN.

Jupiter naquit Apollo
Perhegatis.

PREMIER CHEVALIER.

Sus encor, sus ! Les voilà mis
En pleine fuite. Leur déroute
Ne peut cette fois faire un doute.
Loué soit Dieu !

DEUXIÈME CHEVALIER.

Rentrons, pour nous remettre un
Sire, dans votre forteresse. [peu,
Le danger cesse.

PREMIER CHEVALIER.

Plus rien qui nous mette en éveil,
Ils ont fui. Suivons ce conseil.
Il est bon, sire.

L'EMPERIERE.

Alons, ne vous vueil pas desdire.
Ore, seigneurs, or loons Dieu,
Puis que sommes en séur lieu ;
Car huy nous a esté propices.
Sa le vin, ca et les espices.
Toutes foiz pour les aventures,
Je lo, n'ostons de noz armeures,
Fors ce qu'es testes en avons ;
Car, de certain, pas ne savons
S'il revenront.

L'EMPEREUR.

Allons, pour ne vous contredire.
Oui, nous serons bien en ce lieu,
Il est sûr. Mais louons-en Dieu,
Car il nous fut des plus propices.
Ça qu'on apporte les épices
Avec le vin. Nous cependant,
Seigneurs—je crois cela prudent—
N'enlevons rien de nos armures,
Sauf l'armet, de peur d'aventures.
Le Sarrazin, qu'on crut punir,
Peut revenir.

ij[e] CHEVALIER.

Je croy, par foy, quilz n'oseront,
Devers nous maishui retourner
Ne pour eulx combatre atourner
Ne prendre place.

DEUXIÈME CHEVALIER.

Pardonnez, mais nul ne suppose,
Sire, que désormais il ose
S'exposer à de nouveaux coups,
Et qu'il se risque contre nous
A prendre place.

L'EMPERIERE.

Esgardez ce fol, com la face
A en plus d'un lieu meshaingnie !
Céens a tresfaulse mesnie
Par le corps de moy, quant de fait,
L'ont par le vis ainsi deffait ;
A nul ne fait mal ne contraire,
Ains est un droit fol debonnaire ;
Si m'en deplaist.

L'EMPEREUR.

Regardez ce fol. A la face,
Pauvre homme, il est de sang taché,
Qui t'a battu? J'en suis fâché.
C'est un fol doux et débonnaire.
A personne il ne saurait faire
Le moindre mal.

PREMIER CHEVALIER.

Je vous diray, Sire, son plait ;

PREMIER CHEVALIER.

Peut-être, ayant pris pour signal

Aussi qu'avons éu bataille
Aux paiens, il à la merdaille
De céens si s'est combatu ;
Et puet estre quilz l'ont batu,
Au mains y pert.

L'EMPERIERE.

C'est voir, mais par Saint Philebert
Qui mal li fera ne se doubte
Se je le scé, qu'il ne li couste
Si quil se tenra ben de rire.
Mais, or ça, qui me sara dire
Qui a ce chevalier esté
Qui par sa prouesce et bonté
En la bataille nous a mis
Au dessus de noz ennemis ;
Qui m'en dira ?

Cy vient la fille muete et li monstre que c'est le fol, mais le pere ne congnoist le signe ; si en demande à sa maistresse.

Je ne scé que me montres la,
Fille, se Dieu s'amour me doint ;
Maistresse, congnoissez vous point
A certes, ne savez de fait
Aux signes que ma fille fait,
Quelle veult dire.

Le bruit que faisait la bataille,
A-t-il défié la canaille,
Pour la combattre à sa façon,
Et reçu de quelque garçon
Dans la lutte, en pleine figure,
Cette blessure.

L'EMPEREUR.

Soit, mais si quelqu'un désormais
Lui fait mal, et si je le sais,
Il n'aura pas raison de rire.
Or, ça, ne pourra-t-on me dire
Quel est le vaillant inconnu,
Le chevalier soudain venu
Au milieu de notre détresse,
Qui, par sa force et sa prouesse,
En la bataille nous a mis
Au-dessus de nos ennemis ?
Qu'on me l'apprenne.

Arrive la fille de l'Empereur, qui, muette, montre que c'est le fol; mais le père, ne comprenant pas le signe, en demande le sens à la maîtresse.

D'où vient ma fille ? Qui l'amène
Céans, à cette heure ? Quel est
Aussi le signe qu'elle fait ?
Que montre-t-elle ?

<table>
<tr><td>

LA MAISTRESSE.

Elle vous monstre, treschier sire,
Que c'est ce fol la, mau vestu
Qui pour vous s'est huy combatu ;
Et tant a fait que Sarrazin
Sont desconfiz et mis a fin
Par sa puissance.

L'EMPERIERE.

Diex vous envoit male meschance !
Est ce le sens dont l'escolez ;
Au lieu d'enseignier laffolez.
Se vous n'en pensez autrement
Vous ne serez pas longuement
En cest estat, qu'il ne vous couste ;
Comment tendroit un fol la rote
Des chevaliers en une guerre,
Quil en péust lonneur acquerre
Par dessus touz ?

ij[e] CHEVALIER.

Il ne fault pas qu'il soit estouz,
Mais qu'il soit homs plain de savoir,
Qui veult sur touz lonneur avoir
Dune bataille.

L'EMPERIERE.

Vous dites verite sanz faille ;
Il y fault bien sens et prouesce

</td><td>

LA MAITRESSE.

Ici, la vérité l'appelle,
Sire : vous montrer que celui
Qui vainquit pour vous aujourd'hui,
Est ce malheureux en guenille,
Voilà ce que veut votre fille;
C'est ce fol, oui.

L'EMPEREUR.

Ce chevalier ce serait lui !
Vraiment, ma fille à votre école
Au lieu de s'instruire s'affole,
Maîtresse. Il peut vous en coûter
De lui laisser ainsi gâter
L'entendement. A vous en croire
Donc, à ce fol revient la gloire
De la bataille d'aujourd'hui,
Où le payen a si bien fui !
Fols ne font pas si bonne guerre.
Ne croyez que l'honneur s'acquière
Par telles gens.

DEUXIÈME CHEVALIER.

Non, mais par hommes diligens,
Dont l'esprit sainement travaille,
Et qui puissent dans la bataille
Mettre, pour l'honneur en avoir,
Bras et savoir.

L'EMPEREUR.

Il y faut bon sens et prouesse.
Allez vous en, allez, maîtresse,

</td></tr>
</table>

R'alez vous ent, ralez, maistresse,
Et ma fille aussi renmenez
Et autrement l'endoltrinez.
Seigneurs, merveille est de ces
[femmes,
Ilz sont toutes tressages dames,
Mais a la foiz sont si lunages
Que vous verrez que les plussages
Sont les plus nices.

Et ma fille aussi remmenez,
Et surtout mieux l'endoctrinez.
Vrai, c'est merveille, que ces fem-
[mes,
Elles semblent très sages dames,
Mais, soit la lune, soit le vent,
On s'aperçoit le plus souvent
Que, fut-ce même la plus sage,
Aucune sous son bavardage
N'a l'esprit sain.

L'ESCUIER *a l'Emperiere.*

Vez ci le vin et les espices
Que demandé des ores avez;
S'il vous plaist ains que vous buvez,
Prenez ici

L'ÉCUYER.

Voici les épices, le vin
Que vous désirez qu'on vous serve,
Vin de réserve.

L'EMPERIERE.

Voulentiers ça, je pren ce cy
Avant du vin.

L'EMPEREUR.

D'abord, pour mieux faire à mon
Ceci prendrai. [gré,

L'ESCUIER.

Vez le cy cler et net et fin
Comme de bouche.

L'ÉCUYER.

C'est, voyez sa couleur vermeille,
Vin de bouche à faire merveille.
Eut-on jamais rien de plus fin
Qu'un pareil vin.

L'EMPERIERE.

Il est bon et net sanz reprouche,
Ne scé combien il fu cuvez.
Avant, seigneurs, avant buvez
Aussi trestouz.

L'EMPEREUR.

Il est sans reproche, et d'un âge
Tel qu'on l'ignore. Allons, courage.
Buvez, car sans vous je ne bois
Ce vin de choix.

PREMIER CHEVALIER.

Treschier sire, si ferons nous,
Puis qu'avez beu.

PREMIER CHEVALIER.

Soit, et de très grand cœur cher
Vous n'aurez pas à le redire. [sire,
Puisque vous bûtes avant nous,
Nous boirons tous.

LE MESSAGIER.

Chier sire! il vous est bien chéu
De ce que voz gens armez voy,
Et vous mesmes; qu'en bonne foy
Vez-ci venir paiens, sanz faille
Qui vous pensent donner bataille
Toute ordenée.

LE MESSAGER.

Sire, bien vous prend, je vous jure,
Que soyez restés sous l'armure
Vous et les vôtres; car voici
Que le payen revient ici
Vous combattre en belle ordon-
Et grand'puissance. [nance,

L'EMPERIERE.

Or tost! seigneurs, sanz demourée;
Cy endroit plus ne nous tenons,
Mais d'aler contre eulx nous penons,
Sanz plus atendre.

L'EMPEREUR.

Partons, seigneurs, de cet endroit,
Pour aller contre lui tout droit
Sans plus attendre.

ij[e] CHEVALIER.

Il ne fault a chascun que prendre
Son bacinet, nous sommes prestz.
Alons m'en puis quilz sont si pres,
Sans nul detri.

DEUXIÈME CHEVALIER.

Il ne faut à chacun que prendre
Son bassinet. Nous sommes prêts
Pour aller, puisqu'il est si près
Lui tenir tête.

L'EMPERIERE.

Savez vous de quoy je vous pri?
Se le blanc chevalier revient
A la bataille, et sil avient
Que nous face aïde et secours,
Qu'il ne s'en voit pas si le cours

L'EMPEREUR.

Pour quelques mots je vous arrête:
Si vous voyez se rallier
A nous encor le chevalier
Aux blanches armes; s'il nous donne
De nouveau son aide, j'ordonne,

Que ne sachiez, soit gaing ou perte,
Qui il sera, ainçois qu'il parte
D'entre voz mains.

Que l'on mette sur lui la main,
Soit que l'on ait défaite ou gain,
Et qu'on le garde. Il faut connaître
Ce qu'il peut être.

PREMIER CHEVALIER.

Sire, vous n'en arez ja, mains;
Alons m'en, de par Dieu, alons
Sur paiens, et point ne parlons,
Mais férons destoc et de taille,
Tant que puissons de la bataille
L'onneur avoir.

PREMIER CHEVALIER.

Fiez-vous à moi, sire, allons,
Sus aux Payens ! plus ne parlons,
Mais frappons d'estoc et de taille
Tant que puissions de la bataille
L'honneur avoir.

ij[e] CHEVALIER.

Je tien que si arons nous voir,
Et que Dieu arons en aïde,
Autrement ce seroit grant hide,
Par ceste chiennaille paienne
Fust soubmise gent crestienne,
N'en riens subjette.

DEUXIÈME CHEVALIER.

L'aide de Dieu fait mon espoir.
Ce serait si la gent payenne
Soumettait ainsi la chrétienne
Trop grand'pitié.

L'EMPERIERE.

Or tost pensez que chascun mette
Main a lespée pour ferir
Sur ceulx qui viennent requerir
Noz biens a tort.

L'EMPEREUR.

Pour les combattre pied à pied,
Qu'on mette la main à l'épée.
Il faut que sans merci frappée
Cette canaille de payens,
Qui se croit des droits sur nos [biens.
S'enfuie ou meure.

PREMIER CHEVALIER.

A eulz, a eulz! a mort, a mort.
Touz y mourrez.

PREMIER CHEVALIER.

A mort, payens, oui c'est votre [heure,
Tous vous mourrez.

iij[e] PAIEN.

Hara mare, fara marez
Astripodis.

TROISIÈME PAYEN.

Hara Mare, fara marez
A stripodis.

ij[e] CHEVALIER.

De moy n'iras pas escondis ;
Tien, pren ce la.

DEUXIÈME CHEVALIER.

Pas de quartier, je vous le dis,
Tiens, toi, tiens, qui sous ta ronda-
Si fièrement fait le bravache, [che
Tiens prends cela.

L'EMPERIERE.

Sainte Marie ! que vez la,
Seigneurs, un noble chevalier !
Comment peut-il tant batailler ?
S'il ne fust certes, je sui fis !
Nous fussions du tout desconfis
Et mis a nient.

L'EMPEREUR.

Sainte Vierge! que vois-je là?
Ce chevalier de riche taille,
Comment peut-il dans la bataille
Si bien faire? Je suis certain
Que, si nous n'avions eu sa main,
Pour nous tirer de cette affaire,
Nous nous y serions vus défaire
Et mettre à rien.

PREMIER CHEVALIER.

Qui y peut estre, ne dont vient,
Se je puis, ben tost le saray,
Car par de ça guettier liray
En ce chemin.

PREMIER CHEVALIER.

D'où vient-il? Je le saurai bien,
Et je verrai ce qu'il peut être,
Car au guet vais aller me mettre
En ce chemin.

L'EMPERIERE.

Il a mis ceste guerre a fin.
Amis, alez.

L'EMPEREUR.

Allons, amis; il a mis fin
A cette guerre.

(Il sort.)

PREMIER CHEVALIER.

Chevalier, Sire, a moy parlez,
Et vous arrestez par amour.
Il ne daigne faire demour
Mais je le feray arrester ;
De ma lance le vueil hurter
Ou miex assener le pourray.
Il s'en va, mie ne l'aray ;
Il est ou des cieulx ou denfer ;
En sa cuisse emporte le fer
De ma lance, si l'ay feru,
Vez ci par ou il est rompu ;
Or voit a l'empereur, vois, puis
Qu'avoir arresté ne le puis
Par quelque voie.

L'EMPERIERE.

Sa dites moy, sé Dieu vous voie,
Se savez de ce chevalier
Qui tant s'est volu traveillier ;
Qui il est, ne comment a nom ;
Est-il point homme de renom ?
Dites me voir.

PREMIER CHEVALIER.

Sire, je vous fas assavoir
Ne je ne lay pris, n'abatu,
Combien qu'en sa cuisse embatu
Ly aie le fer de ma lance,
Et là se rompi sanz doubtance.

PREMIER CHEVALIER (*à Robert*).

Souffrez que je vous en requière,
Sire chevalier, parlez-moi.
Dites un mot. Pas un ! Pourquoi ?
Un instant, demeurez de grâce.
Rien encor ! sans répondre il passe.
Je le forcerai d'arrêter,
De ma lance le veux heurter
A quelque défaut de l'armure.
Tiens ! il part, malgré sa blessure,
Dans sa cuisse emportant le fer :
Il est ou des cieux ou d'enfer !
En sa chair se rompit ma lance,
Mais il va de même vaillance ;
Par rien ne peut être arrêté,
En vérité.

L'EMPEREUR.

Dieu vous ramène à point, cher sire,
Eh ! bien ! qu'avez-vous à me dire,
Répondez sur ce chevalier,
Qui s'est tant voulu batailler
Pour nous ? Sait-on comme il se nom- [me,
Son pays, enfin s'il est homme
De grand renom.

PREMIER CHEVALIER.

A tout je vous répondrai : non.
Il s'en va, quoique pour le prendre,
Je sois allé jusqu'à lui fendre
La cuisse. Mon fer s'est rompu,
Comme vous voyez. Je n'ai pu,

Vez ci la hante dont party,
Dont puis me suis moult repenti,
Et repens encor ce sachiez,
Quant onques de moy fu touchiez
Qui mal li face.

L'EMPERIERE.

Je ne scé se Dieu par sa grace
Nous aroit si bien avoié
Qu'ange nous éust envoié
Espirituel.

ij^e CHEVALIER.

Sire, il est un homme mortel
Vous en sarez tantost le voir.
Faites par tout dire et savoir
Que qui a vous armé venra
D'armes blanches, sapportera
Le fer de ceste hante cy,
Mais que la plaie monstre aussi
Que du fer li a esté faitte,
Vostre fille gente et honneste
A femme ara sanz contredire,
Et la moitié de vostre empire.
Cest vostre vueil.

L'EMPERIERE.

Il me plaist bien, c'est bon conseil,
Or tost escuier, sanz detri;
Alez me publier ce cri
Partout, amis.

Sire, qu'à ce moment l'atteindre.
Et maintenant je dois le plaindre,
Et du mal qu'il peut ressentir,
Me repentir.

L'EMPEREUR.

Il s'en va sans laisser de trace.
O Dieu! serait-il, par ta grâce,
Ange du ciel?

DEUXIÈME CHEVALIER.

Sire, il est un homme mortel.
La chose vous sera certaine,
Si vous faites que l'on apprenne
Partout que celui qui viendra
Armé de blanc et montrera,
Avec la blessure reçue,
Le fer de la lance rompue,
Pour récompense aura la main
De votre fille, et, comme gain,
Une moitié de votre empire.
Vous plaît-il, sire?

L'EMPEREUR.

Cet avis est bon. Écuyer,
Vite, allez le cri publier,
Et que chacun, comme il conseille,
Prête l'oreille.

L'ESCUIER.

Vez-me-là, Sire, a voie mis,
Sans plus dire, puis qu'il vous haitte.

Je voy icy de gent honneste
Assez, sans moy plus detrier.
De lempereur vueil ci crier
Ce qu'est de savoir talentis.
— Or escoutez grans et petiz
L'emperiere vous fait savoir
Que qui voulra sa fille avoir
Viengne a li, s'armes blanches porte,
Mais que le fer il li apporte
Dun glaive, et qu'aussi monstrer
La plaie du fer en sa cuisse [puisse
Et qui faire ainsi le pourra
Avec sa fille li donrra
L'empereur et le fera sire
De la moitié de son empire
Entierement.

L'ÉCUYER.

Sire, j'y vais sans perdre temps.
A vos desirs toujours me rends,
Sans que deux fois on me l'ordonne.

Je crois qu'ici la foule est bonne;
Tous honnêtes gens! Donc, je dis :
Or, écoutez, grands et petits,
L'Empereur m'enjoint de me rendre
Céans, afin de vous apprendre
Qu'il faut pour sa fille obtenir :
Sous de blanches armes venir;
Apporter, épreuve absolue!
Le fer d'une lance rompue,
Et faire voir, encor blessé,
La plaie, où ce fer fut laissé.
Ainsi l'on peut — pour le redire —
Avoir sa fille, et de l'empire
Une moitié.

SCÈNE IX

Chez le Sénéchal.

L'ESCUIER *au Séneschal.*

Monseigneur, sachiez vraiement
Je vien d'ouïr un cri sauvage ;
L'emperiere par mariage
Promet donner sa fille, sire,
Et la moitié de son empire
A celui qui li portera
Le fer de quoy esté ara

L'ÉCUYER (*au sénéchal*).

Je viens d'entendre, et c'est pitié,
Monseigneur, un cri bien étrange,
L'Empereur propose un échange :
A qui pourra venir vers lui
Sous blanches armes aujourd'hui,
Ayant au défaut de l'armure,
Sous le cuissard, une blessure,

Navré, en une de ses hanches ;
Mais qu'il soit armé d'armes blan-
Et que la plaie monstre aussi [ches
Que le fer li a fait ; vez ci
Cri bien estrange !

Et portant à la main le fer,
Que le choc laissa dans sa chair ;
Il promet sa fille, et l'empire
Par moitié. Ne faut-il pas dire,
Ainsi que je l'ai dit d'abord,
Qu'un pareil cri surprendra fort ;
Il est étrange.

LE SENESCHAL.

C'est espoir, a fin qu'il se vange
Daucun qui na pas fait son gré ;
Ou s'est pour autre fait secré.
Voir est que la pucelle jains,
Et pour samour sui si attains
Qu'en nul estat ne puis durer,
Pour ce que le pere endurer
Ne souffrir ne veult que je l'aie
A femme, dont le cuer m'esmaie ;
Nient mains, se je puis tant feray
A ce cop ci que je l'aray.
Va t'en chiez Jehan de Savoie
L'armurier, et dy quil m'envoie
Un parement a armer gent
Tout blanc, combien qu'il coust dar-
Et tandis je me garniray [gent ;
De fer, et itel me feray
Com l'empereur a fait crier ;
Et puis a li sanz detrier
Monstrer m'iray.

LE SÉNÉCHAL.

Cher sire, ou l'Empereur se venge
De quelqu'un qu'il n'a pas à gré
Comme gendre ; ou, je le saurai,
Il a quelque raison secrète ;
Mais, quoi qu'il veuille et qu'il ap-
J'aime sa fille, et je l'aurai. [prête,
Je l'aime, et d'un amour si vrai,
Que malgré la haine du père
Qui ne me veut souffrir, j'espère.
Oui, de cœur ému, j'agirai
Si bien que je l'épouserai.
Va-t-en trouver Jean de Savoie
L'armurier, et dis qu'il m'envoie,
Quelqu'argent qu'il faille en donner,
Ce qu'il me faudra pour m'armer
Tout de blanc, afin de paraître
Par devant l'Empereur. Pour être,
Suivant le cri, bien à son gré,
A la cuisse je me ferai,
De mon épée, une blessure,
Et, quand j'aurai la blanche armure,
Vers lui j'irai.

L'ESCUIER.

Sire, gy vois et revenray
A vous bien brief.

L'ÉCUYER.

J'obéis, sire, et reviendrai
Ici vous joindre.

LE SENESCHAL.

E Diex! trop me fait de meschief
La cuisse où je me suis navré ;
Ne scé se la pucelle auré
Pour qui je sueffre ceste paine ;
Ne men chaut combien je me paine ;
Ma douleur ne prise une quille,
Mais que je puisse avoir la fille
Que tant désir.

LE SÉNÉCHAL (*après s'être frappé*).

Oh! douleur! encor c'est la moindre,
Car ce dont je me sens souffrir,
Avant tout, et jusqu'à mourir,
Ce qui fait ma plus vive plainte,
C'est l'amer souci, c'est la crainte
De perdre celle, au cœur si cher,
Pour qui je m'armai de ce fer
Et me frappai. Le mal, qu'importe!
S'il me sert, et si, de la sorte,
Jusqu'auprès d'elle puis venir,
Et l'obtenir.

L'ESCUIER.

De venir pour vostre plaisir
Acomplir, sire, en vérité,
Tant com je puis me suis hasté.
Un parement vous apport, sire,
Gardez sil y a que redire.
Essaiez le premierement
Sil vous est bon, du paiement
Point ne s'esmaie.

L'ÉCUYER.

J'ai fait hâte, et rapporte, sire,
Armure, où rien n'est à redire.
Premièrement essayez-la,
Sans regarder ce qu'il faudra
Qu'ensuite on paye.

LE SENESCHAL.

Da, puis quil fault que je l'essaye

LE SÉNÉCHAL.

Elle me sied, quand je l'essaie,

Il me semble que je suy bien;
Pren mon héaume, avec moy vien
Delivres toy.

C'est bien. Porte le heaume, tiens,
Et marche, viens.

L'ESCUIER.

Voulentiers, chier Sire, par foy,
Je voys devant.

L'ÉCUYER.

Pour faire plus de diligence
Je vous devance.

SCÈNE X

Le Paradis.

DIEU.

Mere, et vous Jehan, or avant,
A descendre de ci tendez;
Et vous Anges, sus descendez;
Aler vueil encore au prendomme
Hermille, penancier de Romme,
Trestout en leure.

DIEU.

Mère, et vous Jean, anges aussi,
Songeons à descendre d'ici
Pour retourner vers le prudhomme
Hermite, qui juge pour Rome
Tous les péchés.

NOSTRE DAME.

Nous descenderons sanz demeure,
Diex, chier filz, puis qu'il vous [agrée.
Chantez, non pas à voiz secrée
Anges, mais con vous puist oir,
En alant, pour touz esioir
Et nous esbatre.

NOTRE DAME.

Par rien ne sommes empêchés,
Dieu, cher fils, après vous je passe;
Anges, chantez, non à voix basse,
Mais que tous puissent vous ouïr,
Et réjouir.

PREMIER ANGE.

Dame, voulentiers, sanz debatre,
Or sus disons a voiz clere :

PREMIER ANGE.

Volontiers, Dame, allons le faire
D'une voix claire.

RONDEL.

Vierge royal; fille et mere
Au tout puissant createur
Du monde et vray racheteur,
Doulce a touz, a nul amere,
Sur toutes fleur de doulceur,
Vierge royal fille et mere
Au tout puissant createur,
Par tresexcellent mistere
Se fist Dieu de soy donneur
A toy pour toy faire honneur.

RONDEL.

Vierge sainte, fille et mère
Au tout puissant Créateur
Du monde, et vrai rédempteur,
Douce à tous, à nul amère,
Sur toutes fleurs de douceur,
Vierge sainte, fille et mère
Au tout-puissant Créateur,
Par très excellent mystère
Se fit Dieu de soi donneur
A toi, pour te faire honneur.

SCÈNE XI

Chez l'Ermite.

DIEU.

Ne te soit ma parole horreur
Mais plaisant et doulce, preudomme;
Va-t-en en la cité de Romme,
Et fay tant que truisses Robert
Con tient pour fol et pour Trubert.
Si li commandes a parler
Et non plus comme fol aler,
Et quil a sa paiz a moy faite
Et sa pénitence parfaitte;
Apres pour monter en haultesce,
Quà espouser aussi s'adresce;
Qui? La fille de lemperiere
Je le vueil, en telle maniere.
Or vas bonne erre.

DIEU (*à l'Hermite*).

Sans crainte, écoute-moi, prud'-[homme,
Va-t-en en la cité de Rome,
Et fais tout pour trouver Robert,
Qui pour ses péchés a souffert
Qu'on le crut fol. Dis-lui qu'il cesse,
Que pleine liberté lui laisse,
Et qu'il peut désormais aller
Comme homme de sens, et parler.
Je tiens sa paix avec moi faite,
Et sa pénitence parfaite.
Plus haut qu'il est il doit monter.
Qu'il ne craigne pas de tenter
Ce dont s'accroîtrait sa hautesse;
Que pour épouser il s'adresse

A la fille de l'Empereur.
Dis qu'il la demande sans peur,
Pars, et grand'erre.

L'ERMITTE.

Sire, qui créas ciel et terre,
Et grands biens pour petiz rendez,
Tout ce que vous me commandez
Faire m'envois.

L'ERMITE.

Dieu, qui créâtes ciel et terre,
Qui, pour peu, beaucoup nous rendez,
Tout ce que vous me commandez
Je le vais faire.

NOSTRE DAME.

Sus! reprenez à haute vois
Vostre chant, et nous en r'alons
Avis m'est que cy fait avons.
Avant chantez.

NOTRE DAME.

Reprenez, à voix haute et claire,
Car il n'est plus d'ordre à donner,
Sus, votre chant pour retourner.
Qu'on vous entende.

ij[e] ANGE.

Touz en sommes entalentez;
Sus chantons a la Dieu mere:

DEUXIÈME ANGE.

Nous ferons ce qu'on nous commande.
Comme au départ allons chanter
De notre mieux, sans arrêter,
De Dieu la mère.

RONDEL.

Par tres excellent mistere
Se fist Dieu de soy donneur,
A toy pour toy faire honneur,
Vierge royal, fille et mere
Au tout puissant createur
Du monde et vray racheteur.

RONDEL.

Par très excellent mystère
Se fit Dieu de soi donneur
A toi pour se faire honneur,
Vierge sainte, fille et mère
Au tout puissant Créateur
Du monde, et vrai rédempteur.

SCÈNE XII

Chez l'Empereur.

LE SENESCHAL.

Empereur, Dieu vous croisse hon-
Je sui cit qui en la bataille [neur!
Ay esté par .ij. foiz sanz faille,
Et deux foiz vous ay secoru;
Vez ci le fer dont fu feru
Et navré, ou gros de la cuisse;
Et que voir disant on me truisse
La plaie je vous monstreray
Vez la ci, sil vous plaist jaray
Vostre fille par mariage
Ne fais pas de vostre heritage
Compte grantment.

LE SÉNÉCHAL.

Que Dieu votre puissance aug-
[mente,
Empereur. A vous me présente
Pour dire que je suis celui,
Qui deux fois vous fut grand appui,
Et grande force en la bataille.
Le fer, qui me fit large entaille,
Et dans ma cuisse est demeuré,
Le voici; je vous montrerai,
S'il faut, ma plaie. Or, daignez dire
Que j'aurai votre fille, sire.
Vous deviez, par moitié, céder
Votre État. Veuillez tout garder.
Je n'en tiens compte.

L'EMPERIERE.

Seneschal, se Diex vous ament!
Estes vous celui qui esté
Avez pour nous; en verité,
Pour mon ennemi vous tenoie.
A quoy faire vous mentiroie?
Je le vous dy.

L'EMPEREUR.

Sénéchal, n'est-ce pas un conte?
Est-ce bien, en vérité, vous,
Qui fûtes si vaillant pour nous;
Vous—sans mentir je puis le dire —
Vous, que je crus de mon empire
Un ennemi.

LE SENESCHAL.

Sire, au besoing voit-on l'ami;
Ce que pour vous mi sui lassez

LE SÉNÉCHAL.

Au service on connaît l'ami.
Tout ce que pour vous j'ai pu faire,

Je tien que le savez assez
Nen vueil plus dire.

L'EMPERIERE.

Ma fille arez sans contredire,
Ainsi comme promis je lay.
Alez me querre sans delay
Le pape, et dites qu'il s'avance
De cy venir, que sanz doubtance,
De Sainte Eglise en plaine face,
De ma fille et du Seneschal
Qui m'a esté ami loyal,
A mon besoing.

PREMIER CHEVALIER.

D'aler le querre prend le soing
G'y vois, chier sire.

L'EMPERIERE.

Escuier, et toy vaz me dire
La maitresse, ma fille aussi
Que sanz delay l'amaine cy ;
Or, te delivre.

L'ESCUIER.

Sire, nay béu dont soye ivre ;
Voulentiers je la vous vois querre.

Vous le savez, et dois m'en taire
A l'avenir.

L'EMPEREUR.

Il ne me reste qu'à tenir
Sans autre retard ma promesse.
Ma fille est à vous. Qu'on s'empresse
Vers notre Saint-Père ; mon vœu
Est qu'il vienne, et qu'au nom de
Qui met en lui sa confiance, [Dieu,
Devant saint Église il fiance
Ma fille avec le sénéchal,
Qui me fut ami si loyal,
Au jour de peine.

PREMIER CHEVALIER,

Afin que le Saint-Père vienne,
Le vais quérir.

L'EMPEREUR.

Ecuyer, toi, cours prévenir
Ma fille, ainsi que la maîtresse,
Et céans vers moi les adresse :
Je t'en requiers.

L'ÉCUYER.

Je m'y rends, sire, volontiers.

SCÈNE XIII

Chez la fille de l'Empereur.

L'ESCUIER.

Maistresse, à Monseigneur, bonne
Sa fille tantost admenez, [erre,
Avecques moy vous en venez ;
Delivrez vous.

L'ÉCUYER.

Voici ce que je viens vous dire
Maîtresse : monseigneur désire
Que sa fille vous lui meniez
Et que toutes deux me suiviez
De compagnie.

LA MAITRESSE.

Trèsvoulentiers, mon ami doulx,
Alons m'en sus.

LA MAITRESSE.

Ne craignez qu'on vous contredie,
Car nous voici.

SCÈNE XIV

Chez le Pape.

PREMIER CHEVALIER.

Seigneurs, qui les gens traire en sus
Faites du pape, par amour,
Que je parle a li sanz demour
Il esconvient.

PREMIER CHEVALIER.

Faites que nul n'empêche ici
Ce que j'ai, sire, ordre de faire.
Je viens pour parler au Saint-Père.
Or, aidez-moi.

PREMIER SERGENT DARMES.

Si ferez vous; bien me souvient.
Questes des gens de lemperiere,
Ne vous bouterons pas arriere,
Alez avant.

PREMIER SERGENT D'ARMES.

Pour vous, sire, de bonne foi,
Il n'est besoin qu'on nous requière,
Nous ne disons jamais : arrière!
Aux gens qui sont à l'Empereur.
Allez sans peur.

ij^{e} SERGENT.

Ce ne vous peut estre grevant,
Hardiement, sire, y entrez,
Et au saint Pere vous monstrez
Qui là se siet.

DEUXIÈME SERGENT D'ARMES.

Près du Pape tout vous protège.
Entrez donc, où sur le saint siège
Il est assis.

PREMIER CHEVALIER.

Sil vous agrée et il vous siet,
Saint Pere, ne vous celeray
La cause, mais la vous diray
Qui cy m'amaine.

PREMIER CHEVALIER (*au Pape*).

Dirai-je — ne sais si je puis —
Ce qui m'amène?

LE PAPE.

Filz, mais que ce soit chose humaine
Qui concience point n'empesche,
De la me dire te despesche,
Et je t'orray.

LE PAPE.

Oui, mon cher fils, si rien n'y gêne
La conscience ni le vrai
Je t'entendrai.

PREMIER CHEVALIER.

Tout au plus brief que je pourray,
Et afin que mains vous détrie ;
L'emperiere, sire, vous prie,
Qui sa fille veult marier,
Qu'il vous plaise, sanz varier,
Venir ses espousailles faire ;
De tant en vaulrra miex l'affaire
Et cest plus digne.

PREMIER CHEVALIER.

Serai bref : Monseigneur marie
Aujourd'hui sa fille, et vous prie
Saint-Père de vers lui venir
Pour ces fiançailles bénir.
Aussi bien par vous seront-elles
Plus solennelles.

LE PAPE.

Biau filz, à y aler mencline.
Sus, seigneurs, avec moy venez,
Et gardez, que vous vous penez,
Qu'aye grant voie.

LE PAPE.

Venez tous, vers lui je me rends,
Prenez la route que je prends,
Et faites que j'aie où je passe,
Un vaste espace.

PREMIER SERGENT.

Si arez vous, se Dieu me voye.
Sus de cy, sus alez arriere !
Que de ma mace ne vous fiere
Avant, avant.

PREMIER SERGENT.

Vous l'aurez — en arrière allez
Vous tous, si vous ne reculez
Gare, je frappe.

ij[e] SERGENT.

Faites nous voie cy devant,
Trop estes merveilleuse gent,
Ou je vous donrray de l'argent
Qu'en mon mon poing tieng.

DEUXIÈME SERGENT.

C'est notre Saint Père le Pape
Place, place! ou moi, son sergent,
Je vous donnerai de l'argent...
De cette masse.

SCÈNE XV

Chez l'Empereur.

LE PAPE.

Emperiere, en vostre maini vieng ;
On m'a dit que vous mariez
Vostre fille ; a qui la donnez ?
Dites le moy.

LE PAPE.

Pour ce qu'il vous plaît que je fasse,
Empereur, je viens. Est-il vrai,
Et tout à fait à votre gré
Que votre fille se marie?
Qui donc l'épouse? Je vous prie,
Dites-le-moi.

L'EMPERIERE.

Au Seneschal, Sire, par foy,
Qui nous a esté si amis
Quil nous a de noz ennemis
Deux foiz en guerre delivré ;
A mort eussions esté livré
S'il ne fust. Ce sachiez de voir,
Si quil la doit bien, sire, avoir.

L'EMPEREUR.

C'est le sénéchal. J'ai sa foi
Que dans la bataille dernière,
Frappant d'intrépide manière,
Il s'est vaillamment entremis
Pour nous contre nos ennemis.
Deux fois nous fûmes en détresse,
Péril de mort; et sa prouesse

Vez ci la fille qui cy vient;
Fiancer premier les convient,
Vous le savez.

Deux fois nous sauva. L'on peut [voir
Par là, qu'il a le droit d'avoir
Ma fille, et qu'il est juste et sage
De les unir en mariage.
Saint Père la voici qui vient.
Par les fiancer il convient
Que l'on commence.

LE PAPE.

Seneschal, dites, y avez,
Bien le plaisir.

LE PAPE.

Sénéchal, tout ceci, je pense,
Vous est plaisir.

LE SENESCHAL.

Sire, je riens tant ne desir
Com la fillette.

LE SÉNÉCHAL.

Sire, rien que par le désir
J'en suis en fête.

LE PAPE.

Et vous savez quelle est muette,
Ne parle point?

LE PAPE.

Et vous savez qu'elle est muette,
Ne parle point?

LE SENESCHAL.

Sire, ne me chaut de ce point
Tout a un mot.

LE SÉNÉCHAL.

Je le sais, mais, pour moi, ce point
N'importe guère.

LA FILLE.

Pere, je vous voy estre sot,
Qui ce traïstre ci créez.
Diex par qui sommes touz créez
Ne veult souffrir sa menterie
Sa traïson, sa tricherie;
Pour ce m'a le parler rendu
Que j'oy dès mon naistre perdu.

LA FILLE.

On vous prend pour dupe, mon père,
Lorsque ce traître vous croyez.
Dieu, par qui sommes tous créés
Ne peut souffrir sa tromperie,
Sa trahison, sa menterie,
Et c'est pour tout vous révéler
Qu'il me rend ce don de parler,

Cuidez vous qu'il ait la bataille
Mise a fin? Nanil, non sanz faille.
Un autre que li li a mis
Qui trop plus est de Dieu amis;
Et quant orains le vous signoye
Estres créeue nen povoie;
Je vous dy voir.

Que je perdis dès ma naissance.
Croyez-vous que par sa vaillance
La bataille a pris fin? Non, non.
C'est un vaillant d'un autre nom
Et d'une autre force à la guerre,
Plus homme d'honneur et sincère,
Et surtout de Dieu plus ami,
Qui vainquit pour vous l'ennemi.
Tantôt je l'ai montré par signe,
De créance on me crut indigne :
Vrai je disais.

L'EMPERIERE.

Fille, de la joie qu'avoir
Me fais, de ce que t'oy parler,
Ne me puis tenir de plourer;
Car joye ay plaine de pitié;
Or ça, fille, par amistié
Fay, si me baise.

L'EMPEREUR.

Fille, quel bonheur tu me fais,
Et que j'ai de joie à t'entendre!
De pleurer ne puis me défendre,
Car joie ai pleine de pitié.
Laisse, fille, par amitié,
Que je t'embrasse.

LE PAPE.

Belle fille, mais qu'il vous plaise,
Dites nous qui est ce preudomme
Qui tant est amé de Dieu, comme
Vous nous comptez.

LE PAPE.

Ma fille, dites-nous, de grâce
Si vous savez la vérité,
Sur celui dont avez conté
La prouesse, et comment se nomme
Ce vaillant homme.

LA FILLE.

Saint Pere, il est voir, ne doubtez,
Quen ce praël qu'est la derriere,
Une fontaine a belle et clere;
Là vi je armer .ij. foiz, de fait,
Celui qui secours nous a fait,

LA FILLE.

Saint Père, le vrai vous dirai :
Ici, derrière est dans le pré,
Où volontiers je me promène,
Une belle et claire fontaine.
Or, celui qui tout a sauvé,

D'armes qu'il avoit toutes blanches.
Et vi que d'une de ses hanches
Un fer osta quil mist en terre,
Quant derrainement de la guerre
Retourna ; vérité diray,
Et ce fer je vous monstreray,
Mais que un petit ci vous tenez.
Maistresse, avecques moy venez,
Et vous, seigneurs massiers, aussi.

Biaux seigneurs, le fer vez le cy ;
A grant paine l'ay arrachié
De la terre ou lavoit fichié.
Mais je ne scé dont li venoient
Les armes, ne que devenoient
Si tost que desarmé estoit ;
La veue d'elles on perdoit
Du tout a plain.

Deux fois, auprès, je l'ai trouvé,
Qui revêtait l'armure blanche.
De sa cuisse près de la hanche,
Lorsqu'à la guerre il retourna
Un long fer de lance il ôta,
Qu'il mit en terre. Ce fer prouve
Que je dis vrai. Pour qu'on le trouve
Venez, maîtresse, et vous aussi
Tous, seigneurs massiers.
(*Ils sortent.*)
(*La fille revenant.*) Le voici,
L'ai tiré de terre à grand'peine.
J'ai cherché, ce fut chose vaine,
D'où l'armure lui peut venir,
Et ce qu'elle doit devenir.
Tout en disparaît au plus vite,
Dès qu'il la quitte.

PREMIER CHEVALIER.

Sire, elle dit voir pour certain ;
C'est le propre fer de ma lance.
Et pour oster ent la doubtance,
Vez ci le fust, or y gardez,
Par cy rompy ; Diex, regardez
Comment s'est renoé et joint
Come se onques ne feust desjoint ;
Vez-ci merveilles.

PREMIER CHEVALIER.

Monseigneur, tout est vérité
—Jamais, d'ailleurs, n'en ai douté—
Dans ce que votre fille avance :
Ce fer est celui de ma lance
Dont voici la hampe ; voyez.
Mais qu'arrive-t-il? regardez :
Ensemble ils se sont venus joindre.
Ce miracle-ci n'est pas moindre,
Aucun ne pourra le nier,
Que le premier.

LE PAPE.

Mais sont vertuz, ne t'en merveilles

LE PAPE.

Ce sont vertu, grâce et merveille,

Que Dieu nous monstre à dire voir.
M'amie, faites nous savoir
Où est cel homme.

Qui font que la foi se réveille.
Dites-moi vite, et nous irons,
Dites, ma mie, où nous pourrons
Trouver cet homme.

LA FILLE.

Sire, par Saint Pierre de Romme,
Je tien que se vous le querez
Avec Louvet le trouverez,
Le chien, mon père.

LA FILLE.

Près d'ici, vivant Dieu sait comme.
Le gîte de Louvet, le chien,
Voilà le sien.

L'EMPERIERE.

Alons y vous et moy, Saint Pere,
Noz gens si venront bien apres.

L'EMPEREUR.

Allons-y l'un et l'autre ensemble,
Saint Père. Il sera temps, me sem-
Pour nos gens de venir après. [ble,

SCÈNE XVI

Près de l'endroit où est Robert.

L'EMPERIERE.

Regardez con gist du chien pres ;
De soy mesmes n'acoute nient ;
Faire lever le nous convient
Dileucques hors.

L'EMPEREUR.

Il gît avec le chien tout près,
Voyez, tout en guenilles, blême,
N'ayant nul souci de lui-même.
Çà, hors d'ici.

LE PAPE.

Dieu vous doint sa grace, bon corps!
Je vous pri, se vous point m'amez.

LE PAPE.

Dieu vous donne grâce et merci,
De Rome je suis le Saint Père

De Romme sui pape clamez. *Parlez a moy.*	En qui tout bon chrétien espère. Donc parlez-moi.
Ici fait Robert au pape la figue, et le seigne d'un os.	Ici, Robnrt, se moquant, fait au pape la figue, et simule avec un os le signe de la croix.
L'EMPERIERE.	L'EMPEREUR.
Il ne respond ne ce, ne quoy; *Je croy na de quoy parler puisse.* *Mon ami, monstre moy ta cuisse* *Dont tu cloches, et je seray* *Cil qui garir la te feray* *Dedans un moys.*	Il n'a réponse à rien. Pourquoi? A-t-il la parole perdue. Montre-moi ta cuisse fendue Par le fer, ami; mon désir Serait de te faire guérir, Sans trop attendre.
Ici jeue Robert de l'extremie dun festu a l'emperiere.	Ici Robert se joue de l'Empereur, avec le bout d'un brin de paille.
L'ERMITTE.	L'ERMITE (*arrivant*).
Robert, Robert, bien vous congnois. *Mes chiers seigneurs, ne vous desplaise,* *Assez tost le verrez plus aise..* *Surnom souliez avoir de Dyable,* *Mais Dieu le pere esperitable* *Quant vit vostre dévocion* *Et vostre grant contriccion.* *M'ammonesta que vous chargasse,* *Qu'estre muet vous commandasse,* *Et que comme fol alissiez,* *Ne de riens vous ne mengissiez*	Robert, Robert, veuillez m'entendre, Et vous, seigneurs ne nous quittez. Plus heureux bientôt le verrez. On vous a surnommé le Diable, Robert, Dieu, le père équitable, Voyant votre dévotion. Et votre grand'contrition, Quand je vous eus, pour pénitence, Enjoint le plus muet silence, Avec ordre exprès de singer Le fol, et de ne plus manger

S'aux chiens ne le pouiez tollir;	Que ce qu'aux chiens pourriez dé- [battre;
Et pour ce qu'avez sanz faillir	Dieu pour vous consent d'en ra-
Porté ceste grief penitence,	Sa rigueur cesse de punir, [battre.
Diex qui touzjours les bons avance	Et je dis, moi, qu'il fait venir
Et ou bonté maint infinie,	Tendant la main qu'il a bénie :
Veult quelle soit en vous fenie,	Levez-vous ! La peine est finie,
Et que ne la faciez jamais,	Robert, finie et pour jamais,
Mais que parliez des ores mais,	Vous pouvez parler désormais.
Car touz voz peschiez vous par- [donne;	Tous vos péchés Dieu vous par donne,
Avec ce liscence vous donne	Et de nouveau le rang vous donne
De vous en estat donneur mettre	De chevalier.
Aussi que jadis souliez estre,	
Com chevalier.	

ROBERT.	ROBERT.
Ha ! sire Diex, agenoillier	Je veux d'abord m'agenouiller
Me vueil et toy ci mercier	Dieu bon, dont la miséricorde
Et loer et magniffier,	Ce généreux pardon m'accorde,
Quant jay par ta misericorde,	Pour mes méfaits.
Acquis vers toy paix et concorde	
De mes meffaiz.	

L'EMPERIERE.	L'EMPEREUR.
Preudomme, tu qui scez ces faiz,	Quel est-il? toi qui sais ces faits,
Di qui est-il?	Dis-le, prudhomme?

L'ERMITTE.	L'ERMITE.
Il est hault baron et gentil;	Monseigneur, il est gentilhomme
Treschier sire, soiez ent fis;	Des meilleurs, il est haut baron

Du duc de Normandie est filz
Et son droit hoir.

Et même des mieux en renom,
Et de race la plus hardie,
Droit fils du duc de Normandie,
Comte héritier.

L'EMPERIERE.

Robert! je vueil sans remanoir
Biau sire, que ma fille aiez
A femme, et ne vous esmaiez,
Puis que je vous doin la pucelle
La moitié arez avec elle
De mon empire.

L'EMPEREUR.

Avec vous je dois marier
Ma fille, agréez-la pour femme,
Robert. Vous le pouvez sans blâme,
Car, avec elle étant lié,
Je vous donnerai la moitié
De mon empire.

ROBERT.

La vostre merci, treschier sire ;
Certes, afin qu'a Dieu m'aquitte
Des ores mais vie d'ermite
Voulray mener.

ROBERT.

Je vous rends grâce, très cher sire,
Mais je suis indigne, et ne peux ;
A Dieu je me dois, et je veux,
Pour être enfin envers lui quitte,
Me faire ermite.

L'ERMITTE.

Robert! sachiez Diex ordener
Autrement a volu de toy ;
Entens, il te mande par moy,
Et m'en a bien fait mencion,
Que prengnes sans dilacion
La fille et ne le laisses mie ;
Car de vous .ij. istra lignie
Tele, ce dit ben vueil con m'oie,
Dont tout paradis ara joie.
Ça en arriere.

L'ERMITE.

Telle n'est pas sa volonté.
Par ma voix, pour être écouté,
Il parle : Épousez cette fille,
De qui doit naître une famille,
Dont le renom mieux que mortel
Devra mettre la joie au ciel
Et sur la terre.

ROBERT.

Puis qu'il en est en telle maniere,
Le contraire ne doy vouloir.
Treschier sire, a vostre vouloir
Je me consens.

LE PAPE.

Filz, bien dites et est grant sens.
Je vous diray que nous ferons :
En mon palais nous en irons,
La seront joins et ordenez
Par mariage ; or y venez.
Ces clers cy devant nous iront
Qui nous convoiant chanteront
Aucun biau dit.

LES CLERS.

Ce ferons mon sanz contre dit,
Saint Pere, puis quil vous agrée,
En loant la Vierge sacrée,
Dirons, en qui n'a point d'amer.

CHANCON.

On vous doit bien, Vierge, loer,
Quant pour nous d'enfer desvoier
Dieu se fist en vous homme,
Pour nous de l'ort lieu desboer,
Ou Adam nous fist embouer
Par le mors de la pomme.

ROBERT.

Je me dédis du vœu contraire.
Ce sont des ordres absolus.
Très cher sire, ne doutez plus
Que je consente.

LE PAPE.

Pour vous mon estime en augmente,
Fils, c'est de bon sens. Avec vous,
Dans mon palais, nous irons tous
Pour consacrer ce mariage,
Les clercs nous chantant au pas-
Quelque beau dit. [sage

LES CLERCS.

Ainsi ferons sans contredit
En célébrant, s'il vous agrée,
Vierge sacrée.

CHANSON.

Vierge, chez qui rien n'est amer,
Lorsque, par vous, Dieu se fit
[homme,
Vous nous avez tiré d'enfer,
Et de fange, où mangeant la pom-
Adam, qui venait d'y tomber, [me,
Allait aussi nous embourber.

FIN

TABLE

IMPRIMERIE D. BARDIN, A SAINT-GERMAIN.

A LA MÊME LIBRAIRIE

HONORÉ BONHOMME

Louis XV et sa famille d'après des lettres et des documents inédits. 1 vol. gr. in-18 jésus. 3 50

CHAMPFLEURY

Histoire de la caricature antique, 2e édition. 1 vol. gr. in-18, orné de 100 gravures. 5 »

Histoire de la caricature moderne, 2e édition. 1 vol. gr. in-18 orné de 90 gravures 5 »

Histoire de la caricature au moyen âge. 1 vol. gr. in-18 orné de 90 gravures. 5 »

Histoire de la caricature sous la Révolution, l'Empire et la Restauration. 1 vol. gr. in-18 jésus, orné de 95 gravures. 5 »

Histoire des faïences patriotiques sous la Révolution. 1 vol. gr. in-18 orné de gravures. 5 »

Histoire de l'imagerie populaire. 1 vol gr. in-18 avec 50 gravures. 5 »

L'Hôtel des Commissaires priseurs 1 vol. gr. in-18. 3 »

Souvenirs et portraits de jeunesse. 1 vol. gr.in-18. 3 50

C. DESNOIRESTERRES

Les Cours galantes, histoire anecdotique de la société polie au XVIIIe siècle. 4 vol. in-18. 12 »

VICTOR FOURNEL

Ce qu'on voit dans les rues de Paris, 1 fort vol. gr. in-18. 3 50

Les spectacles populaires et les artistes des rues, tableau du vieux Paris. 1 vol. gr. in-18. 3 50

EDOUARD FOURNIER

L'Esprit des autres, recueilli et raconté. 5e édit. 1 vol. in-18. 3 50

L'Esprit dans l'histoire, recherches sur les mots historiques, 3e édit. 1 vol. in-18. 3 50

Le Vieux-Neuf, histoire ancienne des découvertes modernes, nouvelle édition. 3 vol. gr. in-18 jésus. 15 »

Histoire du Pont-Neuf. 2 vol. in-18, avec photographie. 6 »

La Comédie de J. de La Bruyère. 2 vol. in-18. 6 »

AUGUSTE LEPAGE

Les Cafés politiques et littéraires 1 vol. in-18. 2 »

GEORGES D'HEILLY

Dictionnaire des pseudonymes, révélations sur le monde des lettres, du théâtre et des arts. 2e édition. 1 fort vol. gr. in-18 jésus. 6 »

Journal intime de la Comédie française, 1852-1871. 1 fort vol. gr. in-18 jésus. 6 »

ARSÈNE HOUSSAYE

Galerie du XVIII siècle. 4 vol. grand in-18 jésus. 14 »

ED. ET JULES DE GONCOURT

Sophie Arnould, d'après sa correspondance et ses mémoires inédits. 1 vol. petit in-4o avec eaux-fortes. 10 »

L'Amour au XVIIIe siècle, 1 vol. in-16 avec eaux-fortes. 5 »

JULES JANIN

La Fin d'un monde et du Neveu de Rameau. Nouv. édit. revue et augm. 1 vol. gr. in-18 jésus. 3 50

M. DE LESCURE

Les Maîtresses du Régent. 1 fort vol. in-18. 4 »

Les Confessions de l'abbesse de Chelles. 1 vol. in-18. 3 »

Nouveaux mémoires du maréchal duc de Richelieu (1696-1788), rédigés sur des documents authentiques. 4 vol. gr. in-18 jésus. 14 »

LORÉDAN LARCHEY

Dictionnaire historique d'argot, 7e édition des *excentricités du langage*, considérablement augmentée et mise à la hauteur des Révolutions du jour. 1 fort vol. gr. in-18 jésus. 5 »

CH. NISARD

Des chansons populaires chez les anciens et chez les Français, essai historique suivi d'une étude sur les chansons des rues contemporaines. — 2 vol. gr. in-18 avec gravures. 10 »

LOUIS XVI

Journal particulier, publié sur des documents inédits par LOUIS NICOLARDOT. 1 v. gr. in-18, p. vergé. 5 »

Imprimerie D. BARDIN, à Saint-Germain.

www.ingramcontent.com/pod-product-compliance
Ingram Content Group UK Ltd.
Pitfield, Milton Keynes, MK11 3LW, UK
UKHW031911260826
14628UKWH00003B/1134

9 782014 027150